¡Ssssssshhhhhhhhhhh!!

Haz del teatro algo íntimo.

Llévalo siempre en el bolsillo

Cubierta y diseño editorial: Éride, Diseño Gráfico
Dirección editorial: ángel jiménez

Primera edición: mayo, 2025

Si te soy sincera.
© Athenea Mata
© VdB, 2025
Espronceda, 5
28003 Madrid

VdB®

ISBN: 979-13-87644-16-1
Depósito Legal: M-10914-2025
Diseño y preimpresión: Éride, Diseño Gráfico

 Este libro protege el entorno

si te soy sincera

Athenea Mata

Mi primera toma de contacto con el mundo de la interpretación fue a los doce años, desde entonces no he dejado de compaginar mi vocación de actriz con la de ingeniera, experta en comunicación y madre. Soy doctora en Artes Escénicas por el Institut del Teatre y la Universidad Autónoma de Barcelona. Mis estudios como actriz los empecé en las Escuelas de Arte Dramático de Claudia Fres y Jorge Eines, continuando en algunas de las mejores escuelas de Nueva York, como el HB Studio y The Barrow Group. He protagonizado varias series de televisión, obras de teatro, cortometrajes y películas. El último largo en el que he intervenido como actriz principal, *Campeones* de Javier Fesser. Aunque soy más conocida por mi faceta de actriz, finalicé los estudios de Ingeniería Superior Agrónoma y tengo un Máster en Comunicación y Publicidad en la escuela de negocios ESIC. Además, cuento con experiencia como Dircom y como consultora externa, experta en trabajo en equipo, creatividad aplicada al mundo de la empresa y comunicación inspiracional.

En los últimos quince años he combinado mi profesión de actriz, directora y dramaturga de dos obras de teatro estrenadas, con la práctica docente en varias universidades y escuelas de negocio. Entre ellas, la Universidad Politécnica de Madrid, la ESAD Eòlia en Barcelona y el Instituto de Empresa (IE). También he sido profesora titular del taller de Teatro del Máster de Artes y Profesiones artísticas de la Escuela SUR-Universidad Carlos III y de varias asignaturas del Grado de Artes Escénicas de la Universidad Antonio de Nebrija. En la actualidad soy la Directora de Artes Escénicas y Música de la Escuela Universitaria de Artes TAI.

ATHENEA MATA

si te soy sincera

Drama contemporáneo escrito en tres actos
y un epílogo.

Esta función se estrenó en el Teatro Alcázar de Madrid
el 11 de junio de 2018, interpretada por Claudia Durá (CLARA MILLER),
Marina Miguel (HIJA CLARA / MADRE JOVEN / PARTURIENTA / AURORA),
Andrea Argüelles (LIDIA / CHICA 1 / MONJA), Lucía Lorente (NATALIA)
y Aitor Murillo (MARTÍN / DOCTOR MUERTE / GABRIEL / PACO / MIGUEL).

Dirección: Athenea Mata.

Dramatis Personae
(Por orden de aparición)

LIDIA
HIJA CLARA
CLARA
NATALIA
MARTÍN
CHICA 1
CHICA 2
MADRE JOVEN
DOCTOR MUERTE
PROSTITUTA
MONJA
PARTURIENTA
GABRIEL
PACO
MIGUEL
AURORA

Acto I
Las luces de Clara

El centro del escenario está ocupado por un salón en el que hay estanterías, un sofá y muebles de una casa decorada en los años setenta. En todo el espacio diáfano que envuelve el salón se van representando las escenas del pasado. Cada una de ellas se desarrolla en un lugar distinto iluminado, únicamente, por un haz de luz de color: verde si se trata de una escena que tiene lugar en la juventud —veinte años—, rojo si es durante la madurez —cuarenta años— y blanca para la vejez —sesenta años—. En algún lugar del espacio, al fondo, vemos una escalera que conduciría a un piso superior.

Escena 1

Vejez, luz blanca. CLARA, HIJA CLARA y LI-
DIA *entran en el salón de la casa de* LIDIA. *Es
una tarde de otoño.*

LIDIA   Pasad, pasad... Hijas, es que no me ha dado
tiempo a recoger nada, como por la maña-
na me dejan a los gemelos y luego al medio día vienen a comer Alba y Aurora...

HIJA CLARA   Tranquila Lidia, si lo tienes todo muy recogido. Tendrías que ver mi habitación...
(*Mira a su alrededor.*) Está todo igual que
cuando mamá me traía aquí a jugar con tus
hijas...

LIDIA   A ver, deja que te guarde eso. (*Le coge el
abrigo.*) ¿Queréis tomar algo?

(CLARA *está estirando las arrugas de sus pantalones pausadamente, como ajena a la con-
versación.*)

HIJA CLARA   Yo estoy bien, gracias Lidia... Mamá, ¿tú
quieres algo?

CLARA   ¿Qué?

HIJA CLARA   Que dice Lidia que si quieres tomar algo.

CLARA   Ah, no. No, gracias... Bueno, sí. Un té verde.

LIDIA   Ay hija, es que justo té no tomo. ¿Te preparo una manzanillita?

CLARA   (*Parece despistada, mirando a su hija, como tratando de confirmar si le apetece o no la manzanilla.*) ¿Manzanilla?... (*Pausa.*) No, no te preocupes, gracias.

LIDIA   (*No ha llegado a sentarse sale de la estancia con los abrigos en la mano.*) Voy un momentín al baño... ¿Seguro que no queréis que os prepare nada? Tengo unas pastitas que hice el otro día con mis nietos...

HIJA CLARA   No, de verdad, gracias Lidia.

LIDIA   (*Desde fuera a* HIJA CLARA.) Qué mayor estás...¡Ya debes estar a punto de acabar la carrera! Y tu madre tan contenta con otra doctora más en la familia...

HIJA CLARA   Bueno, yo...(*A su madre en voz más baja.*) Mamá, ¿estás bien?

CLARA   (*Susceptible.*) Sí, cariño, claro que estoy bien. ¿Quieres dejar de darle vueltas al tema? Estoy bien. Bien.

HIJA CLARA   (*Le coge la mano.*) Vale, mami.

(Vuelve LIDIA *de dejar los abrigos con una bandeja de pastas y tres vasos de agua.)*

HIJA CLARA   Cómo eres Lidia, si no hacía falta...

LIDIA   *(Le devuelve una sonrisa sin contestar.)* Ay hijas, es que estoy a cada momento en el baño. ¿A ti no te pasa, Clara?

CLARA   ¿El qué?

LIDIA   No, lo de que se te escapa un poquito el... el...

CLARA   Pues no, qué cosas tienes.

LIDIA   Ay, pues no sé. Pero es que cada vez aguanto menos... De chicas yeyé a chicas pipí... *(A* HIJA CLARA.*)* Qué cosas de viejas te contamos ¡eh!...

*(*HIJA CLARA *sonríe.)*

CLARA   Bueno, y entonces cómo lo hacemos.

LIDIA   Pues... yo había pensado que lo podríamos pagar a medias.

CLARA   Vale. Me parece bien. Pero ya que te has ocupado tú de los trámites, de lo del..., lo del... periódico... y eso. Si quieres puedo encargarme yo de pagar todo lo que falta.

LIDIA   Hombre, yo había pensado...

CLARA   (*Asertiva.*) ¿Qué? Dime... ¿Qué habías pensado?...

LIDIA   No, pues eso. Que lo pagáramos a medias.

CLARA   Vale. Como quieras. Pero de verdad que me parece justo que si tú has llamado a la gente, preparado lo del... lo del... lo del... cómo se llama eso... lo del periódico... ay... no me sale la palabra...

HIJA CLARA   La esquela, mamá...

CLARA   No. Lo otro... Si es lo mismo... pero... Ay, cómo es la palabra...

LIDIA   ¿Lo del anuncio en el periódico?

CLARA   (*Dudándolo.*)... Sí, eso. Tú has pagado al periódico para que pusiera la esquela y es justo que yo pague el crematorio, las flores... y bueno todo lo demás que haga falta.

(*Silencio.*)

LIDIA   Pues no sé...

CLARA   Sí, hombre, sí. Voy a hacer que le manden tres coronas...

LIDIA   A lo mejor no hace falta que sean tres co-
             ronas... Podemos mandar solo una y la pa-
             gamos a medias... Bueno, no sé, como tú
             veas...

CLARA   Es porque... a ver... ¿Cuántas coronas habrá?

HIJA CLARA   Qué horror tener que hablar sobre estos te-
             mas...

LIDIA   Ya, hija... Yo, por ejemplo, ya me he deja-
             do pagado un nicho sobrio. Es de 50x50,
             que digo yo que me tendrán que meter de
             cuclillas porque otra cosa... con lo que me
             duele a mí la ciática al agacharme... eso o
             descuartizarme y meterme por partes...
             También tengo un dinero guardado para el
             padre Jacinto... no quiero que mis hijas ten-
             gan que pensar en eso... Cuando una va te-
             niendo una edad tiene que dejar solucio-
             nados todos los asuntos importantes, ¿ver-
             dad Clara?...

             (CLARA *la mira y luego mira a su hija. Le in-
             comoda hablar sobre el tema.*)

HIJA CLARA   ¿No podían tener hijos?...

             (LIDIA *va a responder, antes de hacerlo mira
             a* CLARA *que la interrumpe.*)

CLARA   Bueno, estará la de «El Corte», que segu-
             ro que mandan y... y ya... Es que no creo

que manden ninguna más... Mira qué poca gente había hoy en el tanatorio...

HIJA CLARA   ¿El Corte? Mamá, pero qué dices, si son unos cutres, tenían al pobre Martín explotado, que no le daban más de dos días seguidos ni en Navidades...

LIDIA   ...Lo mismo Paco...

CLARA   ¿Paco? ¿Lo has llamado?

LIDIA   No. No tengo su teléfono...

CLARA   ¿Y cómo quieres que se haya enterado?

LIDIA   Pues no sé, lo mismo por el telediario...

CLARA   En el telediario no han dicho su nombre (*Busca asentimiento con* HIJA CLARA. *Pausa. Se levanta.*) Si no llega a ser porque tu hija Blanca vive en el portal de enfrente, no nos enteramos ni nosotras...

(*Silencio.*)

LIDIA   Pobre Natalia, acabar así...

(*Silencio.*)

CLARA   ¿Cómo puede ser que no nos llamara?...

(Cʟᴀʀᴀ *ha cogido algo de una estantería. Como si estuviera buscando allí sus recuerdos. La escena siguiente surge a partir del recuerdo que le evoca.* Cʟᴀʀᴀ *y* Lɪᴅɪᴀ *hacen de sí mismas, a los 20 años. A ellas se une* Nᴀᴛᴀʟɪᴀ.*)*

Escena 2

Juventud, luz verde. LIDIA, NATALIA y CLARA
están estudiando en una biblioteca. Salen a
hacer un descanso. NATALIA *fuma.*

NATALIA   *(Susurrando.)* Estoy muerta de cansancio...
                   ¿Me acompañas a que me fume un piti?

LIDIA   *(En el mismo tono bajito.)* Sí, termino esta
                   página y salgo... ¿Y Clara?...

NATALIA   Ha salido fuera... *(Con cierto tono de repro-*
                   bación.) el lunes tiene la audición y dice
                   que no sabe si le dará tiempo a llegar al exa-
                   men, yo no digo nada, pero como siga así...
                   Oye y de lo otro, ¿qué has pensado? Yo creo
                   que se lo deberíamos decir ahora...

                   *(*LIDIA *la mira sin responder. Cierra los apun-*
                   tes y sale con NATALIA. *Fuera está* CLARA *to-*
                   cando la guitarra. NATALIA *enciende un ci-*
                   garro.)

CLARA   *(Toca la guitarra, canta y repasa la estrofa*
                   de una canción.)
                   And in my hour of darkness
                   She is standing right in front of me

Speaking words of wisdom
Let it be
Let it be, let it be
Let it be, let it be
Whisper words of wisdom / let it be...
(Para de cantar al verlas aparecer.) He hablado con Miguel. Dice que si vamos a su fiesta. Le he dicho que sí. ¿Vamos, no?

LIDIA   Es que llevo fatal el examen del lunes...

CLARA   Venga, no seas siesa... vamos un ratito aunque sea...

LIDIA   No sé. Según cómo lo vea cuando acabe...

CLARA   Un ratito. Solo un ratito. Si quieres te puedes quedar a dormir en mi casa y así no tienes que subir luego hasta Hoyo de Manzanares. Yo tampoco puedo salir mucho porque me tengo que cuidar la voz... tengo un muy buen presentimiento para la prueba... Además, si te ven conmigo mis padres estarán contentos pensando que mañana por la mañana nos levantaremos a estudiar...

LIDIA   ¿Te vas a presentar al examen?

CLARA   *(Recita a Garcilaso con aires de actriz.)*
...coged de vuestra alegre primavera
el dulce fruto antes que el tiempo airado
cubra de nieve la hermosa cumbre...

NATALIA   Eres más payasa...

LIDIA   (*Sonríe.*) Bueno vale, pero solo un rato...

CLARA   Y tú, Nata, ¿vienes?

NATALIA   Tengo que ir a sacar al perro de mi madre...

CLARA   Pues vamos todas, te acompañamos y así nos vestimos juntas en tu casa.

NATALIA   Es que además estoy fatal de pasta... (*Tras una pausa en que se lo piensa, asiente con la cabeza.*) Pero, una cosa. Clara, que te conozco... Si salimos juntas, volvemos juntas...

CLARA   Pero, ¿cómo dices eso?... ¿Cuándo no he vuelto yo a casa?

NATALIA   No, bueno, no es eso. Pero que yo salgo a pasármelo bien. Que no quiero salir a ligar...

CLARA   Claro... Vale... (*Mientras se acerca a llamar a la cabina.*) ¿Qué habéis pensado poneros? (LIDIA *y* NATALIA *se miran. Ninguna parece atreverse a decirle nada de lo que tenían pensado a* CLARA. CLARA *mete una moneda en la cabina y llama. Mientras* LIDIA *y* NATALIA *se hacen gestos, quieren decirle algo a* CLARA, *pero no se atreven.*) ¡Ey! (*Ilusionada.*) Que sí, cuenta con nosotras... (*Después de colgar.*) le he dicho que seguro que vamos...

(NATALIA y LIDIA *se miran.*)

NATALIA   ¿Has llamado a Miguel?

CLARA   Sí. Me ha dicho que sin problemas podemos ir las tres.

NATALIA   Y tú, ¿qué te vas a poner?

CLARA   Pues había pensado ponerme el chaleco negro con la camiseta de rayas...

NATALIA   Podías dejarle esa camiseta a Lidia, a ella le queda muy bien...

CLARA   Ah, bueno, pensaba ponérmela yo, pero sí. Si la quieres, Lidi...

NATALIA   A ti lo que te pasa es que te gusta Miguel.

CLARA   ¿Qué dices? No... Si además Miguel es para Lidia... (*A* LIDIA.) Ya verás, esta noche triunfas con la camiseta blanca de rayas...

NATALIA   Pues es que yo creo que a Miguel le gustas tú.

CLARA   ¿Qué dices?... Qué va. Que no...

NATALIA   No sé, pero igual como que...

LIDIA   No sé, Clara. Yo no sé si le gusto. Pero como tú eres más... No sé, que hablas más así con los chicos y eso... Eres muy simpática... Pues igual... no sé... Igual deberías apartarte... (CLARA *se queda muy sorprendida. No se esperaba la reacción de sus amigas.*) Hija, no te lo tomes a mal. Que solo digo que... no sé... como que si vas tú, le vas a gustar más a los chicos y...

CLARA ¿Qué pasa, queréis que no vaya...?

LIDIA Nooooo.

NATALIA (*Enciende otro cigarro y niega con la cabeza.*) Si es que no es eso... Lo que dice Lidia es que tú gustas mucho. Y que justo con Miguel, como lo has llamado tú por teléfono y eso..., pues que a lo mejor... Ay, no sé. Nada. Si es una bobada...

LIDIA Ay... me sabe mal... No es eso, Clara. Mira, si yo además lo que tengo que hacer es estudiar y dejarme de tonterías...

CLARA Bueno. A ver... Que no cunda el pánico. A mí el que me gusta es Rafa. Así que no hay problema... Seré antipática con Miguel al llegar y no le dirigiré la palabra en toda la noche...

NATALIA (*No muy convencida.*) Pero no te pongas una de tus minifaldas...

(Natalia *se marcha,* Clara y Lidia *vuelven al salón de la casa de* Lidia.)

Escena 3

Vejez, luz blanca. Casa de LIDIA.

HIJA CLARA   (*Mirando en una estantería.*) ¿Todavía tienes el cinexín?

LIDIA   (*Mientras prepara algo en la cocina.*) Sí, hija, lo encontró Aurori y lo sacó para que jugaran sus sobrinos...

HIJA CLARA   Qué bueno... (*Haciendo el gesto.*) Nos tirábamos horas moviendo hacia delante y hacia atrás la película de Popeye... Me gustaba mucho venir a tu casa y jugar con tus hijas a cosas de niñas... A Dani y a Javi no había quien les sacara de los coches y la pelota... eran un rollo...

LIDIA   (*Deja lo que ha preparado sobre la mesa.*) Pues ya sabes, tú ahora anímate a tener niños y os volvéis a juntar con las nuevas generaciones...

HIJA CLARA   (*Sonríe educada.*) Bueno, a mí, para eso, aún me queda...

LIDIA	¿Pero tienes novio?... Ay, perdona que haya sido tan indiscreta... que igual no te apetece hablar de eso, hija... Alba me echa cada bronca cuando le pregunto...
HIJA CLARA	No, no te preocupes... Ahora no tengo. Estuve saliendo con un chico hace un tiempo, Martín, pero...
LIDIA	¿Y qué pasó?
HIJA CLARA	Bueno, estábamos en momentos distintos. Era muy buen chico, pero él ya estaba trabajando y quería ir muy rápido, casarse, tener hijos...
LIDIA	Los hijos son lo mejor que hay en el mundo.
HIJA CLARA	Ya, bueno, pero yo todavía era muy joven, estaba descubriendo quién era...
LIDIA	Lo dices como si ahora ya no fueras joven, qué tontería... ¿Cuánto hace de eso?
HIJA CLARA	Pues... cuatro años...
CLARA	Cuatro años así, como una momia... Cómo puede ser que no nos llamara... Es que no me lo explico, no puedo parar de darle vueltas...Y tú, Lidia, ¿habías hablado con ella? Sabias que estaba mala.. .

LIDIA	¿Quién, Natalia?... No hija, qué va... Con los nietos y Aurori... La verdad es que no había hablado con ella desde hacía mucho tiempo... ¿Y tú?
CLARA	¿Yo? Pero si a mí ni siquiera me hablaba...
LIDIA	Pero, ¿sabías que estaba mala?
CLARA	¿Cómo iba a saberlo? Si a mí no me llamó ni para contarme que Paco la había dejado...
LIDIA	(*No responde. Silencio.*) Bueno, ya sabes cómo era para sus cosas...
CLARA	No, Lidia... Cuando me lo contaste me acerqué hasta su casa. Sabía que estaba allí dentro y no me quiso ni abrir la puerta...
LIDIA	¿Cuánto hace ya de lo de Paco? ¿Seis años?
CLARA	No sé para qué fui...
LIDIA	(*A lo suyo.*) Qué digo, por lo menos ocho...
CLARA	Nunca sabes la última vez que vas a ver a una persona...
LIDIA	Hija, si ella prefería estar sola y no contárselo a nadie... Tampoco podíamos hacer nada...

CLARA   (*Para sí misma, como si el tiempo se para-ra.*) Hasta luego, dices, te despides, y luego no es luego... Luego es nunca porque ya no ves jamás a esa persona. Y no le has podido decir adiós en condiciones... Ni decirle que la quieres mucho... Ni darle las gracias... Ni pedirle perdón por no saber qué pudiste haberle hecho que tanto daño le causó... Nunca sabes la última vez que vas a ver a una persona...Y si lo supieras... ¿Qué harías? ¿Cambiarias algo? ¿Le dirías todas las cosas que nunca le has dicho y que te gustaría que supiera?... Igual es mejor así. Que no lo sepas. Más natural, más fácil... ¿Cuándo fue la última vez que vi a mi madre?... A ella sí... en el hospital... porque murió cogiéndome la mano... Pero, ¿y toda la gente que se fue sin tiempo para despedirse? ¿Dónde estarán todos ahora?... Hola, ¡hola!... ¿Dónde estáis?... Natalia, Natalia, ¿dónde te has ido? No me has dicho adiós... Por favor, no te vayas, así, así no... (CLARA *ensimismada empieza a tararear una canción que la relaja.*)... Ah, ya lo sé. Ya sé dónde estáis todos los que os habéis ido... Me estáis esperando...

LIDIA   (*Ajena al monólogo.*) Mira, de lo de Paco hace ya ocho años, seguro... Porque fue cuando se casó mi hija Blanca que al final, acuérdate, que no pudieron venir...

CLARA   (*Desconcertada.*) ¿Qué Blanca?

HIJA CLARA	(*Se da cuenta al momento.*) Sí, mamá. Blanca, una de las hijas de Lidia... La segunda... Están Lucía, Blanca, Alba...
LIDIA	(*La corta.*) Ay hija, que no se lo tienes que explicar, la vio nacer, sabe perfectamente quién es Blanca...
CLARA	(*Confundida y angustiada, repitiendo en voz baja.*) Blanca, Blanca, Blanca...
	(*Empieza a rebuscar en la estantería.*)
HIJA CLARA	Mami, ¿quieres un poco de agua?
LIDIA	¿Clara? ¿Estás bien? ¿Clara?

Escena 4

Madurez, luz roja. NATALIA y CLARA *están una al lado de la otra, sin mirarse.* NATALIA *está fumando.*

CLARA

(Gesticula y sonríe.) Buenos días... Soy Clara Miller, antes de nada, muchas gracias por dejar que me haya acercado a su consulta. Sé que tiene muchos pacientes y es un hombre ocupado así que no le robaré mucho tiempo... Como ya le comenté por teléfono a su secretaria, quería ofrecerle uno de nuestros mejores productos. Se trata del servicio integral de «Teleasistencia» de MediACT. El sistema está especialmente diseñado para personas de la tercera edad que estén solas, o pacientes que prefieran conservar su independencia y seguir viviendo en su residencia habitual. El aparato está constituido por un pulsador en forma de medallón o pulsera, que la persona que requiere los servicios de «Teleasistencia» de MediACT lleva consigo, permanentemente, dentro de su domicilio. El servicio permite la comunicación desde cualquier lugar de la casa con una centralita que está disponible veinticuatro horas al día y desde la cual se gestiona

la llamada conforme al motivo que la causa. En MediACT hemos sido pioneros en apostar por este servicio, directamente importado de Alemania y que allí está teniendo unos resultados inmejorables...

NATALIA ¿Por qué la gente tiene siempre un concepto tan optimista de sí misma? (*Imitando a una señora.*) «Señorita, por favor, ¿tiene una treinta y ocho de este pantalón?». ¿Una treinta y ocho? Pienso... Pero si una treinta y ocho de pantalón, esa mujer, no se la puede meter ni en el meñique... (*Sonríe y haciendo el gesto de acercarle el pantalón.*) Aquí la tiene...

CLARA Con un único dedo, el paciente puede accionar, desde su domicilio, el pulsador de «Teleasistencia» de MediACT que lleva consigo, en el caso de tener algún problema o no encontrarse bien.

NATALIA Esta mujer es que no estaba bien... Imagínate un pantalón de la Barbie, ¿lo tienes? Ahora piensa cómo lo podrías subir por el trasero de un elefante... ¿Y para qué habría querido robar la talla treinta y ocho si estaba claro que necesitaba por lo menos una cuarenta y cuatro?... Pero a mí ya no se me mueve una ceja al ver esas cosas, he visto cada una... Llamé por megafonía a los de seguridad...

CLARA	Uno de nuestros auxiliares profesionales del centro de atención se pondrá en contacto con el usuario a través de un altavoz y un micrófono que permiten la comunicación entre ambos y activará los mecanismos necesarios para resolver la situación que generó la alarma...
NATALIA	Me saltaron las alarmas... No sabía qué podía ser, pero tenía un dolor de ovarios muy sospechoso... y ya he estado dos veces más. Y sé lo que es eso...
CLARA	Para que la instalación del dispositivo de «Teleasistencia» de MediACT suponga una solución eficaz, el paciente ha de ser capaz de utilizar el pulsador adecuadamente, por ello es conveniente que no presente deterioro cognitivo, retraso psíquico o trastornos de lucidez...
NATALIA	Paco tiene claro que no lo quiere.
CLARA	«Teleasistencia» de MediACT es una solución infalible para paliar sentimientos de abandono, descuido o situaciones de soledad...
NATALIA	No tuvo ningún cuidado... Lo primero que me dijo fue que cómo había pensado solucionarlo... He estado cinco días en los que no quería ni verlo, no podía mirarlo a la cara...

CLARA ... La solución no es dejar de verle, porque eso me hace querer verle más... Con él estoy descubriendo la música clásica. Si vamos a un concierto juntos, nos podemos tirar horas comentándolo todo... Dice que quiere ayudarme a conseguir mi sueño y está escribiendo un papel para mí... ¡Me ha invitado a que vaya con él al Festival de Cannes! Me encantaría irme a vivir con él...

NATALIA ¿Cómo voy a volver a vivir a casa de mis padres? Te aseguro que no, a ella podría aguantarla, pero a mi padre... cada día está más cabreado con el mundo... Todo el día de mal humor... No podría soportar volver a vivir allí... Para eso prefiero quedarme en casa con Paco y que hagamos cada uno nuestra vida como si fuéramos solo amigos...

CLARA Es que Rodrigo Ruiz y yo solo somos amigos... Yo no lo he buscado... A veces pasa...

NATALIA Le dije que no lo había buscado, que estas cosas pasan, pero que ya había abortado dos veces antes y que esta vez no pensaba volver a hacerlo... Yo siempre había querido ser madre...

CLARA Ser madre es lo mejor que me ha pasado en la vida, pero lo mejor para mis hijos es también que ellos tengan una madre feliz...

NATALIA   Pobre infeliz, le devolvió el pantalón al guardia diciendo que se lo había pensado mejor y que al final no quería llevárselo... Pero vamos, que tampoco le presté más atención al tema... Eran ya las seis y cinco, mi hora de salir...

CLARA   Antes de salir me gustaría recordarle que el servicio dispone de un reloj digital, conectado a una agenda, que cada seis horas efectúa comprobaciones para llamadas automáticas en caso de emergencia. Es necesario disponer de teléfonos de contacto de los familiares más allegados, hijos, sobrinos, hermanos, amigos...

NATALIA   Yo le dije: Paco, ¿te imaginas que tenemos un hijo con esa sonrisa tan bonita que tienes? Y él me dijo literalmente: yo, del bicho ese que tienes ahí dentro, no quiero saber nada...

CLARA   No tiene por qué decidirlo ahora, doctor, no se preocupe, ya tiene mi portfolio...

NATALIA   Lo perdí...

CLARA   Bien, aquí le dejo un taquito de dossieres, un calendario, un bolígrafo, un estetoscopio y el folleto de las Bahamas de nuestra agencia de viajes con el que MediACT estaría encantado de premiar su confianza. Gracias por su tiempo.

(Por megafonía se escucha: Clara Miller, por favor, pase... CLARA sigue buscando por la estantería, por fin encuentra un recuerdo que la relaja, la llena de felicidad y entusiasmo.)

Escena 5

Juventud, luz verde. Cafetería.

CLARA   Bueno, a ver, me habían dicho en la agencia que el musical era como el de los Miserables, ¿no? Y yo voy a por todas, es mi momento, ¡lo noto!... Bueno, y nada... Cogí un pantalón de pana de mi padre y me lo até con una cuerda y luego una camisa vieja beige que era de mi madre, la rasgué y la manché así con un corcho quemado... que me quedó muy auténtico... y bueno, luego me puse gomina en el pelo, pero lo peiné, así como para atrás y lo revolví, que parecía que lo tenía sucio y me manché la cara con el corcho y en un diente probé con lápiz para ver si me quedaba negro y no... la verdad es que eso lo quité porque no quedaba bien. Y bueno, me fui a la prueba... así vestida... por el metro y todo... porque quería probar cómo te sientes cuando eres pobre. Así, que te mira todo el mundo... y muy fuerte, ¿eh?... porque la gente se levantaba de mi lado... Me gustó mucho la experiencia... Y entré en un bar antes de la audición y el camarero me dijo que si quería una Fanta era obligatorio pedir tres pinchos... Increíble... ¡Tres pinchos! ¿Desde cuándo?... Y le dije que se quedara ahí esperando... y nada... y llego a la prueba y ya sabía que me iba a encontrar una sala llena de chicas guapas y la misma gente de siempre que te pregunta y te dice que está haciendo este proyecto con *nosequién* y aquel otro con *nosecuál*... pero claro... me ven aparecer y yo en un primer momento ni me di cuenta de cómo iba... y la de la puerta se me queda mirando y me dice con su mayor cara de asco: ¿vienes a hacer la prueba?... Y yo le respondo: sí... Y nada, mucho rato esperando con todo el mundo sorprendido con mi disfraz... hasta que por fin me llaman: Por favor, que pase la siguiente. Y paso... y, ¡estaba Rodrigo Ruiz en persona! Increíble. Y tiene una voz tan bonita... y unos ojos verdes... y me dice... Hola, Clara... Yo casi me desmayo... Qué mirada tiene... Y nada... todo fácil... me puso la prueba superfácil... Me divertí un montón... Y quería decirle que me encantan sus películas... Y que él... es distinto a todos los demás... Pero no me atreví... pensé que sonaría a que soy una pelota o algo... y solo dije: gracias... Pero me miró y no sé... algo... Y... Bueno... Ayer al volver de clase, en casa de mis padres, tenía una carta, firmada por él: me ha encantado tu prueba. Tal vez no pueda ser en esta ocasión, pero espero que podamos coincidir próximamente. RR...

(CLARA *hace un gesto de emoción.*)

NATALIA   Eso es que le gustas...

LIDIA   Sí, ya te digo...

CLARA   Que no, qué dices, pero si es mayor ¿eh?...
Tendrá casi cuarenta o algo...

NATALIA   Y, ¿qué?...

CLARA   No y que además, creo que está casado y
tiene hijos...

NATALIA   Uff... Los peores...

LIDIA   Los peores no...

NATALIA   Bueno, todos menos Miguel...

(Todas ríen.)

CLARA   Cuando te cases...

NATALIA   Si te casas...

LIDIA   Cuando me case... y ahora también...

CLARA   Yo no pongo la mano en el fuego por ninguno...

NATALIA   No sé... Yo tampoco... Con lo que he visto
en mi padre... ¡Y en mi abuelo!

LIDIA	Pues creo que eso depende de la persona.
CLARA	Ya. Mírame a mí. La verdad es que nunca le he sido fiel a ninguno de mis novios. Pero siempre he sido sincera y se lo he dicho, que conste en acta... Debe ser que tengo un gen o algo... O que soy un poco hombre...
NATALIA	Qué pasa, ¿te gusto?
CLARA	*(Se lo piensa.)* Hummm... La verdad es que no... te falta una cosita, entre las piernas, un detalle aparentemente sin importancia, pero que...
LIDIA	Chicas, tengo que irme. He quedado para ir al cine con Miguel.
NATALIA	¿Otra vez? *Joé*, os debéis haber visto toda la cartelera.
LIDIA	Sí, la verdad es que sí.
CLARA	Quédate un poco más...
LIDIA	No puedo, pero hablamos para tomar algo el viernes.
CLARA	¿Y el sábado? ¿No sales?
LIDIA	Es que voy a ver el partido de Miguel y luego me quedaré tomando algo con sus amigos...

NATALIA	Desde que estás con él te estás volviendo de un rancio...
CLARA	Bueno, tampoco te pases, Natalia, que tú cuando tienes novio eres la primera que desaparece...
NATALIA	Eso fue una vez y ya. No voy a volver a desaparecer...
CLARA	(*Para sí.*) Eso ya lo veremos... Vale, Lidia, pues hablamos para el viernes. ¿Qué peli vas a ver?
LIDIA	No sé, la va a elegir Miguel.
CLARA	Hay una muy buena de miedo... (*Pensando.*) ¿Cómo se llama?
NATALIA	¿Lidia de miedo?
CLARA	Ah, es verdad...
LIDIA	No, la verdad es que creo que habrá escogido la de «La Masa» que me parece que quería verla...
NATALIA	¿Pero a ti te gusta «La Masa»?... Bueno, yo no digo nada...
CLARA	Déjala que vea lo que quiera. Pero Lidia, una cosa antes de que te vayas, ¿qué le contesto?...

LIDIA   ¿A quién? ¿A Rodrigo Ruiz? No le respondas... O le escribes, «gracias».

CLARA   ¿Cómo voy a ponerle solo «gracias»? Yo había pensado: a mí también me ha encantado hacer la prueba contigo. Espero que la vida nos brinde pronto esa ocasión de trabajar juntos. CM.

NATALIA   ¿CM?

CLARA   Sí, Clara Miller, como él pone RR...

NATALIA   Menuda parida... Yo creo que quiere lo que quiere y que si le escribes eso va a pensar que tú también...

CLARA   Que no. Que se le ve muy buena gente...

LIDIA   Hija, no sé... Yo solo le escribiría lo de gracias y punto. Pero tengo que irme. Ya me contarás qué le has puesto...

(LIDIA *les da un beso a cada una y se va.*)

CLARA   ¿Pasamos dentro, Nata? Aquí hace mucho calor y me está dando todo el sol en la cara.

NATALIA   Prefiero fumar aquí fuera... Cámbiame que ya me pongo yo al sol, que a mí me encanta...

Escena 6

Vejez, luz blanca. Casa de LIDIA. *Las actrices dejan de representar el recuerdo y vuelven al presente.*

LIDIA   Pues hija, qué pena que no hayan estado hoy aquí ninguna de las niñas. Aurori ha empezado un taller de jardinería, aquí al lado, en el Centro Ocupacional y está muy contenta. Menos mal, que por fin hay algo que le gusta... Así está con chavalines como ella y se entretiene... Que sus hermanas la han tenido muy consentida, pero también le hace falta relacionarse con otra gente... Lucía está en Canadá. Ha conseguido muy buen trabajo y dice que no va a volver porque aquí le pagarían mucho menos. Está ganando seis mil dólares al mes y el novio nueve mil, vamos que esos no vuelven, ni locos... Por lo menos la veremos en navidad. Blanqui me deja aquí a los gemelos por la mañana cuando se va a trabajar y luego los recoge a las tres, cuando sale. Tiene la jornada reducida, pero, hija, le han bajado tanto el sueldo que no le da para la guardería... Si es que, están las cosas... Oye, a ver si llamas un día a Alba... Tú que estás sacando medicina tan bien y ella es que... que es lista, ¿eh? Alba siempre ha sido muy lista. Pero hija, que no quiere estudiar y no hay quien haga carrera de ella... Está muy metida en temas políticos, eso sí.

HIJA CLARA   Ah, ¿sí? No sabía...

LIDIA   Bueno, está metida en una plataforma anti... cómo se llama... anti-hombres o algo...

HIJA CLARA   ¿Antipatriarcado?

LIDIA   Eso. Que yo le digo que no hay que ser antinada, sino proalgo... Pero tiene mucho carácter y a mí no me hace mucho caso... Hija, en esta casa siempre han tenido todos mucho genio...

HIJA CLARA   Hace tiempo que no tenemos mucho contacto y eso. Pero a ver si un día la llamo y nos vemos... Sí yo quiero mucho a Alba...

LIDIA   Ya lo sé, cielete... Y erais buenas amigas antes... como nosotras, verdad Clara... ¿Clara?... Bueno, y entonces, ¿en qué curso estás?, ¿este año ya acabas?

HIJA CLARA   Bueno, no, porque después tendría que hacer el MIR y la especialidad... pero, la verdad es que a mí lo que me gusta es el cine y estoy pensando...

LIDIA	¡El cine! Anda mira, ¡como a tu madre!
HIJA CLARA	¿A mi madre?
CLARA	(A HIJA CLARA.) Tú, primero, acaba medicina y luego ya te podrás ocupar de tus hobbies... (Para sí misma.) Cuántas veces le dije a Natalia que no fumara tanto...

(Silencio.)

HIJA CLARA	(En voz baja.) No es un hobby, mamá...
LIDIA	Si a veces no es el tabaco, Clara...
CLARA	Pues es verdad, porque mira tu pobre Miguel, que se fue así de repente...

(Silencio.)

HIJA CLARA	¿Lo echas mucho de menos?
LIDIA	(Con lágrimas en los ojos.) A veces... Y eso que ya va a hacer diez años... Y que estoy todo el día con mis nietos y luego está Aurori... Echo de menos cocinarle las patatas por la noche... Escuchar su radio al irme a la cama... Últimamente me acuerdo un montón de cuando Lucía y Blanca eran pequeñas y solo las teníamos a ellas dos... Nos íbamos de vacaciones a Santander... (Sin poder contener las lágrimas.) Él se ponía a

leer el periódico en la playa... Le gustaba mucho comer pipas y las niñas lo regañaban diciéndole que no enterrara las cascaras... Luego por las tardes tomábamos chocolate con churros, ya sabes cómo es el norte que allí aunque es verano refresca... En esa época fuimos felices...

HIJA CLARA *(La anima.)* Vamos Lidia...

LIDIA Ya lo sé, hija, ya lo sé. Sí, hay que seguir adelante. Pero es que a veces... Siento que mi vida es como la de un vegetal...

HIJA CLARA Pero si tienes a tus hijas y a tus nietos...

LIDIA Sí, ya lo sé... Pero ellas tienen su vida... Bueno, menos Aurori... Ay, hija... No me hagas caso... Son cosas de vieja...

CLARA *(Mira a* LIDIA, *pero como ida, confundiéndola con su propia madre.)* Mamá, pero si tú no eres vieja, estás guapísima. *(Acaricia la cara de* LIDIA.*)* ¿Por qué no te llevas a papá a un balneario? Lo pasaréis muy bien...

HIJA CLARA *(Asustada, levanta la voz.)* ¡Mamá! ¡Mamá! Estamos en casa de Lidia. Tu amiga. Se lo estás diciendo a Lidia. La yaya ya se murió. Esta es tu amiga Lidia, de la carrera... ¿Te acuerdas?

CLARA

(*Vuelve en sí, desconcertada.*) Lidia, las flores. Yo pago las flores, Lidia, y se acabó. Siempre estás igual con lo de ir todo a medias. Si se puede, se puede; y si no se puede, no se puede. No se puede ser pobre y orgullosa...

HIJA CLARA

Mamá...

CLARA

Que sí, hija, las cosas como son. Que desde que te quedaste viuda yo sé que estás muy necesitada Lidia, que para cuatro hijas Miguel ganaba lo justo... Si hubieras sido un poquito más independiente... Y luego va y te sale una hija perroflauta y Aurorita, la pobre que es una carga...

HIJA CLARA

(*Exaltada y avergonzada, la corta antes de que acabe.*) Mamá..., por favor...

LIDIA

(*Afectada, pero tratando de salvar la situación.*) ¿Qué te pasa Clara?

CLARA

¿A mí? ¡A mí no me pasa nada! Llevo toda la vida viéndote igual... Dejándote pisar por otros... No sé cómo aguantabas cómo hablaba de ti tu difunto esposo...

LIDIA

He llevado la vida que he querido. Nunca me he arrepentido de nada... Y, ¿tú?...

CLARA

Ya lo sé. Siempre tan abnegada, tan prudente, tan diplomática... Haciendo lo que los demás esperaban que hicieras...

LIDIA	Y tú, Clara, ¿no te arrepientes de nada?
CLARA	He trabajado toda mi vida y si quiero comprarme algo no tengo que rebuscar a escondidas en la cartera de mi marido...
LIDIA	Yo tenía intención de trabajar. Y estuve a punto de entrar de cajera en el Santander. Pero nació Aurori y... con las niñas y ella, no era posible...
HIJA CLARA	Claro que sí, Lidia, no le hagas caso a mi madre. Le ha afectado mucho la muerte de Natalia...
LIDIA	Y Aurori es que me necesita para todo...
CLARA	Bueno Lidia, pero has dicho que por las mañanas está en un Centro Ocupacional. Yo es que no puedo imaginar no tener mis propios ingresos... desde primero de carrera ya me pagaba mis cosas...
LIDIA	Sí, bueno, pero eso no era lo normal... Te sacabas algo de dinero con tus pinitos de artista... Pero las demás teníamos que vender lotería, pulseras y todo lo que se nos ocurría para pagarnos el viaje de estudios... (*A* HIJA CLARA *intentando cambiar de tema.*) Un año se nos ocurrió vender cultivos hidropónicos, ¿te acuerdas Clara?
HIJA CLARA	¿Mamá hacía pinitos de artista?

LIDIA	Sí, ¿no sabias que salía cantando la canción del anuncio de Cafés Saroma?... ¿Cómo era?... Cafés Saroma el mejor café de Madrid a Romaaaaa... Podría haber sido como Conchita Velasco. Tu madre tenía mucho éxito con los hombres... Volvió loco a... Cómo se llamaba ese... Sí, hombre, si lo tengo en la punta de la lengua... Ramiro... no, Ramiro no,... Ri, Ra... ¡Rodrigo! Rodrigo Ruiz.
HIJA CLARA	¿Rodrigo Ruiz, el director?
CLARA	Cállate Lidia...
LIDIA	Oye, si es como para estar orgullosa...
HIJA CLARA	Mamá, ¿cómo no me has contado nunca que conocías a Rodrigo Ruiz?... Si sabes que me encantan sus películas...
CLARA	(Desconcertada.) ¿Las has visto?
HIJA CLARA	Mamá, pero si eres tú la que me llevaste a ver «Sin ti», que salía una chica que yo te decía que era igual que tú cuando cantas esa canción de los Beatles... ¿Por qué no me has contado que lo conocías?
CLARA	(CLARA empieza a tararear la canción de «Let it be», de repente para...) Porque no hay nada que contar. Lo conocía solo de vista... Claro que me acuerdo de los cultivos

hidropónicos y de la que se montó en el periódico de la facultad... Conseguimos bastante dinero...

HIJA CLARA   (*Tratando de cambiar de tema.*) Mamá, nunca me cuentas cosas de cuando eras joven... ¿Y dónde fuisteis de viaje?

CLARA   A Canarias, nos fuimos de viaje a las Islas Canarias...

Escena 7

Juventud, luz verde. Dos habitaciones de hotel comunicadas. Viaje de fin de carrera a Canarias. NATALIA *y* LIDIA *escuchan los gemidos de* CLARA *haciendo el amor en la habitación de al lado.* NATALIA *se queja y empieza a dar golpes en la pared.*

NATALIA   Joder, que paren ya ¿no?...

LIDIA   *(Riéndose.)* Déjalos, si se lo están pasando bien... A mí no me molesta.

NATALIA   ¿Cómo que no? Pero, ¿tú los estás escuchando? Si es que no paran... *(*LIDIA *se ríe.)* Voy a decirles algo.

LIDIA   ¿Vas a entrar?

NATALIA   Sí... ¡No!... No sé... Pero es que así no me duermo. Con esto no hay quien se duerma... *(*LIDIA *se muere de la risa.)* Entro y les digo algo...

LIDIA   Hija, ¿y qué les vas a decir? «¿Hacedlo en voz baja?».

NATALIA	Pues sí, no sé. (*Las dos ríen. Pausa.*) Yo así no puedo dormirme. No puedo...
LIDIA	(*Se ríe.*) No sé, cierra los ojos, inténtalo, no lo pienses...
NATALIA	¡Que no lo piense! Cómo no voy a pensarlo si tengo los gemidos de Clara taladrándome la cabeza? Qué asco, joder... (LIDIA *se ríe, todo le parece muy divertido.* NATALIA *da unos golpes en la pared.*) A ver si con esto... (*Los gemidos prosiguen todavía con más fuerza.*) No me lo puedo creer...
LIDIA	(*Se ríe aún más.*) Déjalo, anda. Te invito a desayunar en la playa...
	(*En ese momento los gemidos paran. Se escucha a alguien entrar al baño y después la puerta de la calle que se cierra. Entra* CLARA *medio desnuda con una camiseta de rugby que se intuye que es del chico que acaba de marcharse.*)
CLARA	(*Hace un gesto con las manos.*) ¡Así!... (LIDIA *la mira estupefacta,* NATALIA *enciende un cigarro y hace notar que está enfadada.* CLARA *coge un vaso de tubo de la fiesta que tuvieron ayer. Con él en la mano repite.*) ¡Así!
	(*Todas ríen.*)

LIDIA	¿Y qué vas a hacer con Rafa cuando volvamos?
CLARA	Rafa es pleistoceno Lidi, el presente se llama «mister Vaso de Tubo...». ¿Crees que me llamará?
LIDIA	¿Te gusta?
CLARA	¡Me en-can-ta!... Pero no me ha pedido el teléfono...
NATALIA	Entonces, ¿cómo quieres que te llame?...
CLARA	Bueno, si quiere, seguro que podrá conseguirlo...
NATALIA	Sí, claro, pero ya me dirás cómo. Como no sea consultando a una pitonisa...
CLARA	*(No quiere que le quiten la ilusión.)* Hazte un porro anda, Nata...
NATALIA	¿La señorita antitabaco fumando marihuana?
CLARA	Un día es un día y hoy estamos de celebración. ¡Es nuestro último sábado en Canarias!

(CLARA pone música en el equipo y se pone a bailar y a cantar dando saltos en la cama. LIDIA se anima y canta y baila junto a ella.

NATALIA *se estira en la cama de al lado dándoles la espalda. La música sigue sonando a tope.* NATALIA *se queda mirando a* CLARA *con reprobación. Después empieza a hacer ruiditos para que se callen. Al final pega un grito y apaga la música.)*

NATALIA   Shhh...¿Podéis parar ya? ¡Estoy muerta! ¡Son las ocho de la mañana!...

(LIDIA *y* CLARA *se callan de golpe.)*

Escena 8

En escena están HIJA CLARA, CLARA (madu-rez.) y LIDIA (vejez.)

HIJA CLARA   (A modo telediario.) El cadáver momifica-do de una mujer ha sido encontrado en su domicilio del madrileño barrio de Legazpi al ir a arreglar una fuga de agua que se ha-bía producido en el edificio en el que vi-vía, según han informado a EFE fuentes de la Jefatura Superior de Policia.

CLARA   Natalia, te he dejado varios mensajes en tu contestador...

HIJA CLARA   El hallazgo se produjo a las ocho horas del pasado día veinticuatro en un piso de la avenida de Úbeda, de la capital. Las venta-nas del inmueble estaban abiertas y el fo-rense apunta a que el suceso debió produ-cirse durante los meses de invierno, hecho sin duda, que favoreció el proceso natural de momificación...

LIDIA   Dicen que no olía nada...

HIJA CLARA   A raíz de la fuga de agua, el conserje avisó a la policía, para que accediera al interior del inmueble, donde encontraron el cadáver.

CLARA   ¿Por qué has dejado de hablarme?... Contéstame, dime por lo menos por qué estás enfadada...

HIJA CLARA   Según las citadas fuentes, la mujer no presentaba signos de violencia por lo que la principal hipótesis es fallecimiento por muerte natural.

LIDIA   La encontraron rodeada de gorriones. Llevaba puesto un vestido de fiesta verde. Había estado cuatro años muerta en el sofá de su casa sin que nadie la echara en falta...

(*Silencio.*)

Escena 9

Madurez, luz roja. Persecución de recuerdos que CLARA *quiere conservar. A lo largo del monólogo se van encendiendo y apagando, de forma paulatina y acorde al texto, distintos focos sobre el escenario.* CLARA *trata inútilmente de atrapar la luz como si fueran recuerdos. Cada fragmento del monólogo corresponde a un foco diferente de luz, a una neurona que se apaga para no volver.*

CLARA   Conservo un fotograma en la memoria del primer día que nos conocimos... A veces pasa... Eres tú, sonriéndome. Tocándome el hombro derecho con tu brazo izquierdo y diciéndome: hola, Clara... Llevas una camiseta blanca. Con unas letras que dicen: UNICEF... Si cierro los ojos y lo pienso me sigue doliendo el corazón. No sabía que el corazón pudiera doler tanto. Había escuchado a algunas personas hablar de flechazos. Siempre había pensado que exageraban o mentían. Pero es cierto lo que cuentan. Te enamoras y te duele el alma. Y sientes un agujero en tu interior como si de verdad una lanza te hubiera traspasado. Y te das cuenta porque te levantas cantando. Y cuando estás cerca de esa persona el mundo se para. Y todo lo demás no importa. Te sientes valiente, fuerte, poderosa... Es lo más cercano que nunca has estado de ser feliz... Por favor, no dejes de escribirme, amo tus cartas...

HIJA CLARA   Mamá. Mamá. Mamá. Mamá. Mamá. Mamá. Mamá. Mamá. Mamá...

CLARA   (*Corre hacia otro foco y se abraza a sí misma.*) Cuando mi hijo Javi quiere decir «Pluto» dice «Puto». Y si te pide «tate» es que quiere que le pongas un poco de tomate. Es imposible convencerlo de que coma más si ya no tiene hambre. Mano es *ma*, *pa* es pan y cabeza es *ca*... Es un economista del vocabulario. A su hermano Daniel le pasa lo contrario. Puede tirarse horas encadenando una pregunta tras de otra para acabar volviendo a comenzar por la primera. Para dormir le gusta tener un coche en la mano, aunque dice que ya no quiere ser piloto de fórmula 1, ahora está totalmente convencido de ser astronauta, escalador y obrero... Mi hija.. (*Va a decir el nombre de su hija, pero no lo recuerda.*)... mi hija se llama...

(*No consigue recordarlo.*)

HIJA CLARA   Mamá, mamá, mamá, mamá, mamá, mamá, mamá...

CLARA
Lo siento tengo que... (*El sonido de mamá no cesa.* CLARA *sale del escenario. Se la escucha cantando una nana: Nana, nanita nana, nanita ea, mi niña tiene sueño, bendita sea, bendita sea...* el «mamá» *deja de sonar y* CLARA *vuelve. Coge otro bote.*) Lo que más me gusta de la música de Wagner es su ilusión por crear la obra de arte total. Escuchas las notas cargadas de fantasía y estás viendo a la vez imágenes, olores, casi puedes tocar la melodía... Rafa, ¿otra vez te has dormido?

HIJA CLARA
Mamá, mamá, mamáááááááá.

CLARA
(*Mira hacia la zona de fuera de escena por donde salió antes.*) Duérmete cariño... Al volver de su clase de música mi hija me ha preguntado si éramos buenos por haberle dejado esa comida al vagamundo que duerme en el cajero. Le he dicho que no. Que no vale con hacer eso solo una vez. Hay que ser buenos cada día... (*Ese foco se apaga y de repente se enciende otro,* CLARA *corre a tratar de atraparlo.*) La abuela Reme siempre me enseñaba poesías. «Mamá, me han visto y se han reído de este vestido que a jirones llevo». «La bondad, hija mía, y no el dinero, nos salva o nos condena». «Ya, mamá, pero me han visto, se han reído y no me han preguntado si soy buena». «¿Tú qué prefieres, hija mia? ¿tener vestidos o ir al cielo?» «Mamá, ir al cielo,

pero, si puede ser, mejor vestida»... Abue-
lita, abuela...

(CLARA *llama a su abuela desgarrada. Quiere quedarse en ese recuerdo, pero también se
le escapa, el foco de su abuela se apaga y
corre a tratar de atrapar otro recuerdo que
acaba de encenderse.*)

NATALIA   (*Con tono chinche.*) A Lidia le queda mejor tu camiseta blanca de rayas, a Lidia le
queda mejor tu camiseta blanca de rayas...

CLARA   ¿Natalia? Natalia, ¿dónde estás?... Nata...
por favor, coge el teléfono. Natalia, ¿por
qué no respondes a mis cartas?... ¿Qué te
he hecho?...

NATALIA   (*Sin mirar a* CLARA, *se tapa los oídos como
una niña pequeña.*) A Lidia le queda me-
jor la camiseta blanca de rayas, a Lidia le
queda mejor la camiseta blanca de rayas...

CLARA   Natalia... ¿Es por lo que te dije de Paco?
Siento haberme metido. Si tú quieres seguir
con él, lo entiendo... Yo sé que lo quieres...

NATALIA   A Lidia le queda mejor la camiseta blanca de rayas...

CLARA   Pero, ¿qué te pasa? Abre la puerta por favor... Soy yo, Clara... Vamos a arreglarlo, por
favor... Llevo meses llamándote... Lidia me

ha contado lo de Paco... Ábreme, Nata,
abre... He escuchado cómo te acercabas a
la puerta y abrías la mirilla... Sé que estás
ahí... Por favor, ábreme...

NATALIA   A Lidia le queda mejor la camiseta blanca
de rayas...

CLARA   Natalia, escúchame... Natalia... (*A* LIDIA.)
Lidi, ¿por qué no me habla Natalia?... Dile
tú algo, por favor... (LIDIA, *estática, no res-*
ponde.) ¿Por qué no hablas con ella?... ¿Qué
le he hecho?... No lo entiendo... (NATALIA
se aleja de ella.) Nata, por favor, no te vayas... no te vayas...

NATALIA   (*Cantando bajito.*)
Strangers in the night
exchanging glances
Wondering in the night
what were the chances
We'd be sharing love
Before the night was through?

CLARA   (*Baila y canta la canción.*) Esto no puede
seguir así... Me supera... Paula y Rafael no
se merecen que les hagamos esto... Siempre me has dicho que te casaste para toda
la vida y lo entiendo. Pero yo... te quiero
con toda mi alma y quiero estar contigo...
Escucha Rodrigo, no tienes que decidirlo
ahora... Llámame solo si estás seguro. No

va a ser fácil... Todo el mundo estará en contra... Romperemos dos familias. Les haremos daño... Pero todo se solucionará y al final será lo mejor... La vida es muy corta... Y si no, se acabó, así no podemos seguir... Tú lo has dicho, es insostenible... Llevamos demasiado tiempo... Si no quieres dejarlo todo por mí, lo entiendo, pero no vuelvas a llamarme... no hará falta que digas nada... (*Aturdida.*) ¿Nada? ¿Nada?... Piensa en algo... Algo...

LIDIA   Tienes que aprender a olvidarlo...

CLARA   ¿Olvidarlo? Olvidarlo, nooooo... Aprender a olvidar...

HIJA CLARA   (*Con rigor científico.*) Progresiva... Destruyendo poco a poco... contacto con el mundo...

CLARA   No, no, no... corre... (*Buscando luces sobre el escenario.*) algo...«coged de vuestra alegre primavera el dulce fruto, antes que el tiempo airado cubra de nieve la hermosa cumbre...».

                 (*Lo repite en voz baja muy nerviosa intentando recordar qué va después.*)

HIJA CLARA   Hasta el momento no se conoce la causa... se trata de una enfermedad de curso lento...

CLARA   (*Desesperada.*) Noooo... esto no... «coged
                 de vuestra alegre primavera el dulce fruto,
                 antes que el tiempo airado cubra de nieve
                 la hermosa cumbre...».

HIJA CLARA   Signos de deterioro... progresiva y degene-
                 rativa... progresiva y degenerativa..

CLARA   ¡Noooo, mamá, mamá, abuelaaa!

                 (CLARA *se encoge en el suelo en postura fe-
                 tal. Y mientras* HIJA CLARA *canta la misma
                 nana que antes le había cantado su madre a
                 ella: Nana, nanita nana, nanita ea, mi niña
                 tiene sueño bendita sea, bendita sea...*)

Escena 10

Madurez, luz roja. CLARA, LIDIA y NATALIA
en una cafetería. LIDIA y NATALIA *hablan dis-*
tendidamente. CLARA *parece muy preocupa-*
da, está callada, ausente.

LIDIA   Pues justo este embarazo está siendo el más
difícil... Estoy todo el día mareada, vomi-
tando, con un mal cuerpo...

NATALIA   Eso es que a la cuarta va la vencida y por
fin te toca el niño.

LIDIA   Qué va, me dijo el otro día la ginecóloga
que casi seguro que era niña otra vez...

NATALIA   *(Riendo.)* ¿En serio? ¿Y qué ha dicho Miguel?

LIDIA   Nada, qué va a decir... *(Se ríe.)* Así lo con-
venzo para buscar el quinto...

NATALIA   Estás fatal, Lidia, ¿te vas a animar a por un
quinto? Que luego hay que mantenerlos,
¡y no veas lo que comen!...

LIDIA   Por mí sí... No sé... Ya nos apañaremos con
el dinero.

NATALIA   ¿Y del nombre? Lucía, Alba, Blanca... Todo blanco... y esta cómo se va llamar, ¿Merenguita?

LIDIA   (Riendo.) Estoy pensando en llamarla Aurora...

NATALIA   ¿Boreal?

LIDIA   Sí, porque yo lo valgo...

              (Las dos ríen.)

NATALIA   Como una señora que ha venido hoy a El Corte y también «lo valía»... Tenía unos sabañones de elefante pero estaba convencida de querer enfundarse unos Farrutx de la talla 36...

LIDIA   Y seguro que eran las seis menos cinco...

NATALIA   No. Como eran ya las seis le he dicho que se pasara directamente por la sección de cinegética y fauna que, a lo mejor, allí sí encontraba algo apropiado para ella...

LIDIA   ¡Qué dices! ¿De verdad le has dicho eso?

NATALIA   No, claro que no, no tengo la intención de que me echen... Pero he estado a punto... Lo que pasa es que «El cliente siempre tiene la razón».

LIDIA   (*Ríe.*)... Antes de que se me pase... Entonces, ¿cuento con Paco y contigo para el sexto cumpleaños de tu ahijada?

NATALIA   Creo que no... Pero dile a Blanca que le llevaré su regalito la próxima semana...

LIDIA   Ay hija, qué pena...

CLARA   Natalia, me dejas alucinada. ¿Por qué no lo mandas a tomar vientos? Se ha portado como un capullo.

LIDIA   Hija, Clara, yo creo que Paco en el fondo es buena persona...

CLARA   Las buenas personas no llaman «bicho» a su propio hijo cuando su pareja está embarazada...

LIDIA   Igual se puso así porque no se lo esperaba...

CLARA   Lidi, estuvo así cinco días seguidos...

NATALIA   Eso es verdad... Pero lo quiero. Lo quiero y me he dado cuenta de que quiero estar con él. Es que estoy muy bien. Estoy muy bien...

CLARA   Pero tú siempre has querido ser madre... Todavía podrías tener un hijo, aunque fueras tú sola...

NATALIA   ¿Sola? ¿Y cómo iba a currar y cuidarlo? ¿Con quién iba a dejarlo mientras estoy en el trabajo? ¿Para que me lo cuide otra?... Que los niños tienen muchos gastos. Y yo sola no puedo.

CLARA   Te llevo oyendo toda la vida quejarte por la pasta, pero nunca haces nada para cambiarlo... Eres lista, sacaste la carrera con todo notables y sobresalientes... Igual podrias buscar un trabajo mejor...

NATALIA   Sí, claro, ahora que no hacen más que despedir a la gente...

CLARA   No sé, por lo menos podrías buscar... ¿Has mandado algún currículum? ¿Lo has intentado?

NATALIA   (*Pausa.*) No vale para nada enviar currículums...

LIDIA   (*Trata de poner paz.*) Bueno Clara, ya lo hará... Pero dinos, tú qué querías contarnos que era tan importante...

CLARA   ¿Qué?...

NATALIA   Sí, hija, que decías en el mensaje que no podía esperar a mañana...

CLARA   Ah... Pues que... Me han llamado para una prueba...

LIDIA	Hala qué bien. Llevabas un montón que no hacías una, ¿no?
CLARA	La verdad es que sí.
LIDIA	Y, ¿qué tal? ¿Para qué es?
CLARA	Es para..., para un musical.
LIDIA	Hija, qué bien. Y bueno qué, qué más sabes...
CLARA	Nada... Bueno que es difícil que me cojan...
NATALIA	Con todas las cosas que has hecho para conseguir tu sueño ya podrías tener un poquito de suerte... No conozco a nadie tan perseverante como tú, Clara...
LIDIA	Hija, yo estoy segura de que al final sí... Llegarás. No sé cómo, pero llegarás.
CLARA	No sé. Desde luego no será porque no lo he intentado... Cuando era más jovencita hacía lo imposible para conseguir audiciones... Pero ahora... Son tantos años de puertas cerradas... Estoy muy desencantada...
LIDIA	Venga Clara, no te desanimes. Igual justo ahora que no te lo esperas...
CLARA	No sé. Gracias por animarme...

NATALIA   ¿Y el papel que te iba a escribir el señor don Rodrigo Ruiz?

LIDIA   Oye, ¡que no nos has dicho nada de cómo te fue en tu viaje a Cannes!...

CLARA   (*Miente.*) Ah, es que como ya ha pasado más de un mes ni me acordaba... Bien, muy bien... Una pasada... ¡Estuvo fumando a mi lado Barbara Streisand!

NATALIA   Qué capulla, a ella sí la dejas que te fume al lado, ¿no?

(*Todas ríen.*)

LIDIA   ¿Y viste a algún famoso más?

CLARA   Sí, a unos cuantos... Harrison Ford es altísimo y Linda Evans muy maja...

LIDIA   ¿Hablaste con Linda Evans?

CLARA   Sí, estuvimos intercambiando fotos de nuestros hijos... (LIDIA y NATALIA *la miran alucinadas. Riendo.*) Qué va, mujer, es broma. Había mucha gente, pero la mayoría directores que ni os sonarían...

LIDIA   ¿Y qué tal con Rodrigo Ruiz?

(*Silencio.*)

CLARA	Bien...
NATALIA	Uy, uy, uy esa cara... (*Baja la voz.*) ¿Dormisteis juntos?... ¿Consumasteis?...
LIDIA	Claro que no, Nata, qué cosas dices... Sois solo amigos, ¿verdad Clara?
CLARA	Claro, se portó como un caballero... (*Disimulando con lágrimas en los ojos, mientras se acaricia la barriga.*) Tengo que estar a las seis en la Moraleja, para recoger a Daniel de judo y a las seis y cuarto en Tres Cantos, que Javi sale de música.
NATALIA	Pues ya me contarás cómo vas a hacerlo para llegar a todo...
LIDIA	Las madres hacemos todo eso y más...
CLARA	(*Pensando en lo que acaba de decir* LIDIA.) Bueno chicas, me marcho... Ya hablamos pronto...
NATALIA	Ven aquí, anda, dame un beso...
LIDIA	¿Seguro que estás bien, Clara? ¿Es solo lo de la audición lo que te preocupa?
CLARA	(*Duda por un momento.*) Sí, es solo eso.
LIDIA	Pues tranquila, que todo te va a ir genial, ya lo verás. ¡Suerte!

NATALIA   No, hombre no, que hay que decirle ¡mucha mierda!

(CLARA *sale de escena con una sonrisa amarga.*)

Escena 11

Madurez, luz roja. CLARA, NATALIA y LIDIA
de frente, al público. CLARA *habla de sí misma en tercera persona.*

CLARA   Se habían conocido en aquella audición y desde el primer momento habían sentido algo increíble entre ellos. Era como si se reconocieran. Como si hubieran coincidido en otra vida anterior.

NATALIA   Yo no creo nada en eso de otras vidas. Nacemos, crecemos, morimos y ya. Al hoyo. Te vas al hoyo y se acaba. A ver, lo demás son payasadas. No hay nada.

LIDIA   Creo que ella pensaba que estaba enamorada de él. A él nunca lo conocimos en persona. Pero yo creo que debía de ser buena gente.

CLARA   Lo de buena gente se utiliza demasiado gratuitamente. No todo el mundo es buena gente. Por ejemplo Paco, lo que le hizo a Natalia, no era de buena gente.

LIDIA   Bueno, puede que sí fuera buena gente y aun así se lo hiciera.

CLARA   La buena gente no llama bicho a un hijo suyo que está en la tripa de su madre.

NATALIA   *(Negando con la cabeza.)* No sé...

LIDIA   Ella viajaba mucho porque era visitadora médica.

CLARA   Era actriz.

NATALIA   Sí, bueno, era actriz, pero se ganaba la vida como visitadora médica.

CLARA   Es que no es lo mismo.

NATALIA   No, no es lo mismo.

LIDIA   Bueno, pues eso, que viajaba por trabajo.

NATALIA   Y en sus viajes...

CLARA   Quedaba con él. Se encontraban. Cenaban. Iban al teatro, a conciertos, a musicales. Hablaban sobre arte. Sobre la vida. Cada cosa que les pasaba querían, necesitaban, compartirla...

LIDIA   Pero no pasaba nada más entre ellos... Eran solo amigos.

CLARA   Los mejores amigos...

NATALIA   A ver, eso no es ser amigos, ni aquí ni en Cuenca... y si no que se lo pregunten al marido de ella, Rafa...

CLARA   Al principio Rafa no decía nada.

NATALIA   Al principio, pero luego...

LIDIA   Luego, sí. Y por eso después de Cannes no volvieron nunca más a verse.

NATALIA   Nunca más.

CLARA   Nunca...

LIDIA   Era el cumpleaños de ella. Siempre le preparaba sorpresas.

NATALIA   (*Irónica.*) Igualito que su marido, Rafa...

CLARA   La de aquel día llegó en forma de sobre. Rojo. Lleno de estrellitas. Dentro había unas entradas para el Festival de Cannes. Rodrigo iba a presentar su última película, un musical...

NATALIA   En la que, otra vez, casualmente, no había habido un papel apropiado para el perfil de Clara...

CLARA   ¿Qué dirá tu mujer?... ¿Y cómo se lo explico yo a Rafa?

NATALIA   Si te soy sincera creo que no deberías ir ¿Te gustaría que Rafa te hiciera lo mismo a ti? Pero vamos, que yo no digo nada... Haz lo que quieras. Al final siempre lo haces...

LIDIA   Una cafetería del aeropuerto. Él la está esperando con un pañuelo gris en el cuello. Lleva las gafas puestas. Lee el periódico. Desayuna un café con leche y un bollo.

CLARA   Ella llega con el abrigo lleno de pelos de gato y una vomitina de su hijo Javi que, en el último momento, antes de salir de casa, le ha devuelto encima el colacao. Busca en las tiendas de la Duty Free. ¿Por favor, tenéis quitapelos?

LIDIA   ¿Qué?

CLARA   Quitapelos. Para quitar los pelos de gato de la ropa.

LIDIA   No, no tenemos.

NATALIA   No, no tenemos.

CLARA   Ella ya lo ha visto. Está nerviosa. Emocionada. Él es muy atractivo. Esos ojos verdes...

LIDIA   Él se levanta para saludarla.

CLARA	Se abrazan...
NATALIA	Ella...
CLARA	(*Hace un gesto para que se calle.*) Se abrazan...
LIDIA /NATALIA	(*Imita a una azafata de avión, una en francés y la otra en español, casi de forma simultánea.*) Nous sommes sur le point de décoller. S'il vous plait attachez vos ceintures et assurez-vous que vous avez desactivé tous des dispositifs électroniques... Estamos a punto de despegar. Por favor, abróchense los cinturones y desconecten todos sus dispositivos electrónicos...

(LIDIA *y* NATALIA *salen al centro del escenario y cantan y bailan «Voyage, Voyage» en la versión ochentera de Desireless como si estuvieran en un karaoke.* CLARA *comienza a bailar muy ilusionada, posando como una gran actriz. A medida que avanza el tema musical se va sintiendo pequeña y fuera de lugar, todo se interrumpe por el sonido de un móvil que corta la canción.*)

CLARA	Lo siento, tengo que cogerlo... Hola Rafa, cómo está Javi, ¿ha seguido devolviendo?... Pásame a los niños, anda...

Escena 12

Madurez, luz roja. Cuarto de baño de la casa de CLARA. CLARA *lo cuenta en tercera persona, pero viviendo los sentimientos como si le estuvieran pasando en ese instante.*

CLARA   Daniel y Javi están jugando en su habitación. Ella está encerrada en el baño de su cuarto. Sentada en el water con los vaqueros bajados. Tiene un *Predictor* en la mano. Dos rayas. Ya lo sabe. Si sale una raya puede ser que lo estés y el test falle. Pero si salen dos rayas no hay duda, estás, seguro, embarazada. Embarazada. Embarazada. Abre el segundo predictor. No tiene sentido volver a comprobarlo. Ya no tiene más ganas de hacer pis. Bebe agua. Bebe más agua. Se bebe toda la botella de agua de litro y medio. Vuelve a comprobar las dos rayas del primer predictor de su mano derecha. Llora bajito. No quiere que la oigan Daniel y Javi que siguen jugando. Suena el teléfono sobre el lavabo. Rodrigo Ruiz llamando. Se le para el corazón por un momento. Sudor frió. No lo coge. Le salen unas gotitas más de pis. Segundo predictor. Dos rayas, al momento. No hay duda. Dos rayas es embarazada. Embarazada. Embarazada. Daniel y Javi han empezado a pelearse. Desde dentro del baño les pide que, por favor, se estén quietos. «Por favor, niños, no os peleéis». Javi está llorando. Daniel acaba de pegarle. El teléfono vuelve a sonar. Rodrigo Ruiz llamando. No lo coge. Baja el sonido del móvil. Es un instante. Un momento en el que tiene que decidir toda su vida. Javi empieza a llamar a la puerta del baño. «¡Mamá, abre!». La luz del móvil se sigue encendiendo ahora ya sin sonido. No puede cogerlo. «No puedo cogerlo. Perdóname, por favor, perdóname Rodrigo, no puedo cogerlo». (*Pausa.*) Ya nunca podrá volver a cogerlo. Tendrá que aprender a olvidarlo... Olvidarte... (*Pausa.*) Detrás de la puerta del baño se escuchan las voces de Daniel y Javi que gritan cada vez más alto: «mami, abre, mami estás bien, abre, abre...».

(*Las voces de los niños se escuchan en off y empiezan a transformarse en dos voces de hombres adultos: mamá, mamá, estás bien, abre, abre... Sonido de ambulancia.*)

Escena 13

Vejez, luz blanca. Casa de LIDIA. CLARA *ha salido para ir al baño. En el salón se han quedado* LIDIA *e* HIJA CLARA.

HIJA CLARA   Mis hermanos se la encontraron en el suelo del baño. Había perdido el control de esfínterés, estaba tirada en el suelo y no recordaba nada. Mi padre es el que peor se lo ha tomado. Siempre dice que mi madre es su chispita. Está totalmente enamorado. Siempre lo ha estado... No sé qué va a ser de él... Un neurocirujano, colega de mi padre, nos ha dicho que la enfermedad está en un grado avanzado... Debió tener sintomas antes, pero no se lo había contado a nadie. Siempre ha sido tan fuerte, tan valiente, verla perderse así... No sé qué va a ser de él.

(HIJA CLARA *no puede contener las lágrimas.*)

LIDIA   (*La abraza.*) Mi niña Clara, ven aquí...

HIJA CLARA   No puedo creerlo. Mi mami... Todavía me gustaría vivir con ella tantas cosas... Tener hijos, que me enseñara cómo se hace para dar el pecho, para educar, para hacer las croquetas de la abuela Reme... He estudiado perfectamente los síntomas en la carrera. Sé que pronto no podrá reconocernos... ¿Qué es una persona más que sus recuerdos? Y si los pierdes... ¿En qué te conviertes?... ¿Y todas las cosas que todavía no me ha contado? Siento que me gustaría tanto hablar con ella... Recuperar los años de adolescencia en los que solo discutíamos... Y ahora, cada segundo que pasa se lleva por delante una neurona, una sinapsis de recuerdos convertida en vacío...

(CLARA *aparece detrás. Ha escuchado una parte.* HIJA CLARA *no sabe bien cuánto.*)

CLARA   Mi niña linda, ven, todavía puedo reconocerte. A ti también Lidia, mi mejor amiga. La más buena, siempre a mi lado... Ojalá pudiera estar con nosotras también Natalia... Me preguntabas si me arrepiento de algo... Venid aquí las dos. Ayudadme a que me siente... Tengo que confesaros un secreto que no le he dicho jamás a nadie...

HIJA CLARA   Ven siéntate aquí, mamá...

LIDIA   Clara, amiga, ¿tienes sed? ¿Quieres que te prepare algo?

CLARA   No, Lidia, estoy bien... Escuchad lo que tengo que contaros...

(*En ese momento suena un mensaje en el teléfono de* HIJA CLARA. *En la pantalla se proyecta:* «*Bajad ya, os estamos esperando con el coche en doble fila*».)

HIJA CLARA   Mamá, es papá, nos está esperando abajo con mis hermanos... Mejor que bajemos rápido que está en doble fila...

LIDIA   Al final no hemos terminado de decidir lo de las coronas ni nada...

HIJA CLARA   Pues enviad una como tú decías...

LIDIA   Como queráis. Bueno, pero espera un segundo, cielete. Dinos, Clara, ¿cuál era el secreto que querías contarnos?

(*Silencio.*)

CLARA   (*Mira al público. Pausa.*) No lo sé. Lo he olvidado.

(CLARA *se ha quedado sola en el centro del escenario iluminada por una tenue luz. El eco de su voz se difumina en el espacio y se repiten las palabras:* «*olvidado, olvidado, olvidado*». *Tres luces de colores.*)

si te soy sincera

Acto II
Las cuatro muertes de Natalia

Unos grandes almacenes —El Corte—. Se escucha la típica música de fondo de hilo musical. En el escenario hay una butaca en la que está sentada una maniquí que lleva un vestido verde de fiesta. A la derecha está MAR-TÍN hablando con dos clientas (son las actrices que hacen de LIDIA y CLARA que ahora interpretan a dos amigas jóvenes, CHICA 1 y CHICA 2, respectivamente, que han ido a comprarse un vestido de fiesta.

Escena 1

MARTÍN	(*Muestra un vestido azul que trae del almacén.*) Chicas, aquí lo tenéis, no penséis que me había olvidado de vosotras.
CHICA 1	Ay, no sé si me mola... Lo veo un poco... no sé... (*A su amiga.*) ¿Tú cómo lo ves?
MARTÍN	¿Es para Nochevieja? Porque también tengo este otro verde (*Señala el de la maniquí.*) que sienta fenomenal. Tengo reservado aquí uno igual, para mi novia.

(*Las dos chicas se miran entre ellas, les parece que el vendedor se está entrometiendo.*)

CHICA 1	No, gracias, no es mi estilo...
CHICA 2	No, la verdad es que no, el mío tampoco...
MARTÍN	Perdonad, era solo por si podía ayudar. ¿Entonces, quieres probarte el azul? Seguro que si te lo ves puesto te resulta más fácil decidirte.
CHICA 2	(*Con el móvil en la mano.*) Venga sí, tía, pruébatelo y subimos una foto.

CHICA 1	¿Dónde está el probador?
MARTÍN	Ahí mismo, a la izquierda.
	(Mientras se marchan critican las confianzas que se ha tomado MARTÍN *que solo trata de ser simpático.)*
HIJA CLARA	*(Lo llama por detrás.)* Martín.
MARTÍN	*(Emocionado al verla.)* ¿Qué haces aquí? Te pensaba llevar el vestido a tu casa esta noche.
HIJA CLARA	*(Sin saber qué decir.)* ¿Qué vestido? Ah, bueno, sí; es que así me lo pruebo...
MARTÍN	*(Mientras se acercan al probador.)* Qué ilusión que hayas venido a verme, llevo un «diita...». Tengo unas ganas de que llegue el 31 y tener un par de días seguidos de vacaciones... *(Los dos se acercan al probador donde han ido las otras chicas.* HIJA CLARA *se mete dentro a probarse el vestido. Habla desde el interior mientras él ordena ropa en un burro y vigila si alguien lo demanda.)* Oye, ¿tú no tenías a esta hora el examen de anatomía?
HIJA CLARA	*(Desde dentro.)* ¿Me ayudas con la cremallera?

MARTÍN	(*Sonríe pícaro.*) No seas mala, que sabes que mientras estoy trabajando no puedo... ¿Entonces, no has hecho el examen?
HIJA CLARA	No, no lo he hecho.
MARTÍN	(*Sorprendido.*) ¿Y eso?
HIJA CLARA	(*Sale del probador con el vestido.*) ¿Qué tal me queda?
MARTÍN	(*La mira enamorado.*) A ver... Estás preciosa. Déja que te vea por detrás... (HIJA CLARA *rompe a llorar.*) Ey, pequeña, ¿qué te pasa? ¿Es por el examen? Pero si hasta me lo he aprendido yo de tanto oirte: astrágalo, calcáneo, navicular, primer cuneiforme...
HIJA CLARA	No, que va... He vuelto a discutir con mi padre.
MARTÍN	¿Y eso?
HIJA CLARA	No sé, por una gilipollez, como siempre...
MARTÍN	¿Pero por qué? Dime cuál.
HIJA CLARA	Pues porque le he dicho que para Reyes quería que me regalara una Canon 500 HD y él me ha dicho que ya tengo una que me regaló el año pasado y que casi no la he usado... Y yo le he dicho que no la uso porque

no tengo tiempo porque estoy todo el día estudiando, pero que esta si la voy a usar porque graba en HD y...

MARTÍN   Pero a ver, a ver, a ver... ¿cuántas veces has usado la Sony?

HIJA CLARA La Sony no graba en HD.

MARTÍN   Ya, si te entiendo... Pero ¿cuántas veces la has usado?

HIJA CLARA *Joé*, ¿qué te pasa? ¿Te pones del lado de mi padre, o qué?

MARTÍN   No, pequeña, lo que quiero decir es que... tu padre igual si tiene razón en que tienes una cámara nueva y no has hecho casi ningún video con ella. Primero puedes aprovechar la que ya tienes y luego comprarte la HD.

HIJA CLARA Ya, pero es que resulta que si voy a grabar algo, mola que ya sea directamente en HD porque así lo puedo presentar a concursos...

MARTÍN   Pero vamos a ver. Tú lo que tienes que hacer ahora es estudiar y concentrarte en una sola cosa. Lo de los videos lo puedes hacer en tu tiempo libre, como hobby...

HIJA CLARA Joder, tío, hablas igual que mi padre. ¿Qué tiempo libre, Martín? Es que, ¿tú crees que en segundo de medicina tenemos algo de tiempo libre?

MARTÍN
Pues exactamente por eso. ¿Para qué quieres otra cámara?

HIJA CLARA
(Furiosa.) Salgo de mi casa, cabreada con mi padre porque no me entiende, porque no sabe quién soy ni lo que quiero, porque nunca se ha preocupado de conocerme y vengo a verte para que me ayudes y me encuentro que eres exactamente una puta réplica de él...

MARTÍN
Eres muy injusta. Yo solo quiero ayudarte...

HIJA CLARA
Odio a mi padre. Lo odio...

MARTÍN
No digas eso, mujer...

HIJA CLARA
Es que es así... A veces es como si deseara que no fuera mi padre... Como si fuéramos totalmente ajenos el uno del otro...

MARTÍN
Bueno, por lo menos tienes a tu madre que te entiende...

HIJA CLARA
No. Mi madre siempre está con mil cosas, no se entera... Es su cómplice...

MARTÍN
Pequeñita... Tus padres solo quieren lo mejor para ti...

HIJA CLARA   No deberías defenderlos tanto porque precisamente ellos no tienen muy claro que un simple dependiente de El Corte Inglés sea lo mejor para mí... (MARTÍN, *visiblemente afectado*. HIJA CLARA, *se da cuenta de que se ha pasado*.) Joder..., no quería decir eso. Mis padres te tienen mucho cariño... Es que no me gusta que me digas que no hable mal de ellos porque ya sé que no está bien que hable así... Pero no puedo evitarlo..., joder... Aunque en el fondo les quiero y me siento fatal por decir estas cosas...

MARTÍN   (*Trata de cambiar de tema para hacer más liviana la situación*.) Oye, sabes que con este vestido estás preciosa y me están entrando unas ganas locas de comerte la boca...

HIJA CLARA   (*Limpiándose el rimel corrido y lo mira seductora mientras se desabrocha el vestido*.) Pues no sé a qué estás esperando...

MARTÍN   (*Mira el reloj, apurado*.) Pues..., ¿a que sean las seis? Sabes que mientras estoy currando no puedo, pequeña, pero en cuanto termine repasamos juntos (*Con intención*.) la anatomía...

(HIJA CLARA *lo mira desilusionada. Del probador de al lado salen las dos chicas de antes. Miran a* HIJA CLARA *con disimulo, pero con cierta envidia porque le sienta muy bien el vestido. HIJA CLARA se da cuenta y vuelve a meterse en el probador.)*

CHICA 1   *(A MARTÍN, que está todavía afectado por lo que ha sucedido.)* ¿Qué pasa? ¿Que te llevas comisión por endosar ese vestido a todo el mundo?

CHICA 2   Pues la verdad es que, así, viéndolo puesto... A mi me mola... Me lo voy a probar, tráeme una S.

CHICA 1   *(A su amiga.)* Oye, que me lo había ofrecido a mí primero. *(A MARTÍN.)* Tráeme a mí otro.

MARTÍN   Lo siento, de la S solo me queda uno y es el que se está probando ella.

CHICA 1   Pues entonces el que queda es para mí porque yo soy la que venía hoy a comprarse un vestido.

CHICA 2   Perdona bonita, pero yo lo he pedido antes. Tú habías dicho que no era tu estilo.

CHICA 1   Pero es porque no lo había visto. Es exactamente mi estilo.

CHICA 2   ¿Qué dices? Es mucho más mi look...

HIJA CLARA   (*Sale del probador ya con su ropa.*) No os preocupéis que yo al final no me lo voy a llevar.

              (*Se lo da a la* CHICA 2 *y se marcha enfadada.*)

MARTÍN   Ey, espera, no te vayas...

CHICA 2   (*Llama a* MARTÍN *y le da toda una pila de vestidos hechos un ovillo.*) Oye, toma, que al final no nos vamos a llevar ninguno...

Escena 2

MARTÍN *se queda triste con todos los vestidos en la mano. En ese momento entran, por dos lados distintos,* MADRE JOVEN *(que es la misma actriz que hace de* HIJA CLARA.*) y* NATALIA *(vejez.), que lleva tres bolsas de plástico de El Corte Inglés.* MADRE JOVEN *lleva un carrito con un bebé dentro y se acerca al mostrador esperando a que venga alguien a atenderla.* NATALIA *se queda haciéndole carantoñas al bebé. Después de un rato sin que nadie las atienda.*

MADRE JOVEN   (*A* NATALIA.) Cómo son los empleados de aquí, cuando no quieres nada vienen a preguntarte veinte veces, pero cuando de verdad los necesitas nunca aparecen...

NATALIA   Qué preciosidad de niño, ¿cuánto tiempo tiene?

MADRE JOVEN   Nueve meses.

NATALIA   (*Al bebé, mientras le hace carantoñas.*) ¡Pero de dónde has sacado tú esa sonrisa tan bonita! ¿eh?, ¿eh? ¿De dónde?

MADRE JOVEN   De su padre, son clavaditos el uno al otro...
              (*A* MARTÍN *que vuelve de dejar los vestidos en el burro. Le muestra un resguardo que saca del bolso.*) Oiga, llevo esperando aquí ya un buen rato. ¿Es que aquí nadie atiende?... Vengo a recoger un vestido que ya dejó pagado mi marido.

MARTÍN   (*Respira para contenerse.*) Sí, por supuesto. Déjeme el resguardo.

MADRE JOVEN   Uy, no sé qué he hecho con él...

MARTÍN   No pasa nada, dígame el nombre. El de su marido.

MADRE JOVEN   Francisco Arroyuelo Santos.

MARTÍN   (*Introduce los datos en el ordenador.*) ¿Seguro que fue en este centro? Es que con ese nombre no me aparece.

MADRE JOVEN   ¿Cómo que no le aparece? Será que no ha mirado bien. Francisco Arroyuelo Santos.

              (NATALIA, *que hasta entonces seguía haciéndole carantoñas al bebé, de repente levanta la cabeza.*)

MARTÍN   (*Vuelve a introducir los datos en el ordenador.*) Voy a mirar en pedidos pendientes...

87

MADRE JOVEN   Solo faltaría haberme dado el paseo hasta aquí con el niño...

MARTÍN   A ver si yo lo he escrito mal... Arroyuelo, con y griega, Santos ¿no? Es que si no lo pones exacto estas máquinas no... Pues lo había puesto bien y no...

MADRE JOVEN   Tú no llevas trabajando aquí mucho, ¿verdad?

MARTÍN   Pues la verdad es que...

MADRE JOVEN   Y no hay otro compañero tuyo que...

NATALIA   Pruebe con Paco...

MARTÍN   *(Sorprendido.)* ¿Perdón?

MADRE JOVEN   Anda, a ver si va a ser eso. Paco Arroyuelo Santos, prueba a ver. Prueba, prueba, *(Sorprendida, a* NATALIA.*)* Parece que conoce usted a mi marido, porque él siempre firma como Paco.

MARTÍN   Ahora sí. Aquí está. Las máquinas estas también... Voy a buscarle el vestido.

MADRE JOVEN   *(Seca.)* Gracias. *(A* NATALIA, *con curiosidad y cierta emoción.)* Qué tontería, ¿verdad? Cuando se lo cuente a mi marido se va a morir de la risa.

NATALIA Es normal, yo conocía a alguien que también se llamaba Francisco, pero no le gustaba mucho su nombre y siempre decía que le llamaran Paco...

MADRE JOVEN ¡Pues es lo que le pasa a mi Paco! Por eso al niño lo llamamos Kiko...

(Se *crea un silencio incómodo.* MADRE JOVEN *busca con la mirada al vendedor.* NATALIA *vuelve a mirar al niño tratando de reconocer en él a Paco. Su corazón late a mil.*)

NATALIA Kiko... (*Serena, con una mezcla de ternura e ira.*) ¿Y es muy bicho?

MADRE JOVEN No, qué va. Bueno, igual un poquito por las noches, que no nos deja dormir. Bueno no me deja dormir a mí, que su padre con la excusa de que yo soy más joven y él ya está mayor, duerme como un tronco y ni se entera... Luego por el día es un padrazo, no se piense, se le cae la baba con su bebé, (*Al niño.*) a que sí, amor, a que a papi se le cae la baba contigo. Ay, mi niño qué guapo es...

MARTÍN (*Le entrega el vestido.*) Aquí lo tiene, señora. Y mis disculpas de nuevo.

(MADRE JOVEN *lo coge y se va sin dar las gracias, fijándose exclusivamente en su bebé.*

MARTÍN *se queda atónito mirando cómo se marcha con su carrito.* NATALIA *se ha quedado en shock.*)

Escena 3

MARTÍN	Dígame señora en qué puedo ayudarla. (NATALIA, *sin mirarlo, sigue callada.*) Perdone, ¿está usted bien?
NATALIA	(*Se vuelve repentinamente.*) ¿Tienes hijos?
MARTÍN	Eh... No. Todavía no.
NATALIA	¿Pero estás seguro de querer tenerlos?
MARTÍN	(*Con ganas de decirle «y a usted qué le importa», pero se contiene.*) Sí. Sí que me gustaría... Bueno, si hay algo que pueda hacer por usted... si quiere que le saque alguna talla o... estoy por aquí para lo que necesite.

(*Vuelve al mostrador para escribir un mensaje a su novia.*)

| NATALIA | Los vestidos que poníamos a las maniquíes siempre eran los que más se vendían... (*Señalando a la maniquí.*) Cuando queríamos acabar con una mercancía se la poníamos a los maniquíes... La gente necesita un empujoncito para comprar, una ayuda... Lo que pasa es que muchos no lo saben... Nos |

cuesta reconocer cuando necesitamos ayuda... ¿Cuánto vale este vestido verde?

MARTÍN   Es bonito, ¿verdad? ¿Para quién es? Lo digo porque es mejor que venga la persona a probárselo.

NATALIA   Es para mí.

MARTÍN   (*Extrañado.*) ¿Para usted?

NATALIA   ¿No me pega el color? A mí me parece perfecto para la ocasión.

MARTÍN   Bueno, sí. Lo que pasa es que, con todos mis respetos, señora, yo creo que este vestido es más... juvenil.

NATALIA   Exactamente, por eso me gusta.

MARTÍN   Pero igual le puedo encontrar algo en esos tonos más acorde... con usted.

NATALIA   Lo que quieres decir es que una vieja como yo va a hacer el ridículo con ese vestido, ¿no?

MARTÍN   No, no , ni mucho menos... lo que yo qui...

NATALIA   Lo que tú quieres decir es exactamente eso pero no lo dices porque yo soy una clienta y los clientes siempre tienen la razón. ¿A que eso te lo han metido a fuego en el cursillo de formación?

(*Silencio incómodo para* MARTÍN. *Las palabras de* NATALIA *le han afectado mucho.* MARTÍN *se dispone a hablar cuando regresan las dos pijas y le interrumpen sin ninguna consideración.*)

CHICA 2   Oye perdona, me he debido dejar el móvil en el probador, o sea, como no esté ahí flipo.

MARTÍN   Pues aquí no está, lo habrás perdido en otro lugar. Los probadores los he recogido yo personalmente.

CHICA 1   (*Chula.*) ¿Seguro? ¿Lo has recogido tú o te estás quedando con nosotras?

MARTÍN   No, los he recogido yo. Habéis dejado la ropa tirada por el suelo.

CHICA 2   Qué borde, ¿no? ¿Dónde está atención al cliente, tío?

MARTÍN   (*Muy decidido.*) No, mira, mejor preguntar en el departamento de pijas sin educación, planta doce, y que os den un vale para el sorteo de cerebros, que os hace falta uno nuevo. (*Las chicas se van escandalizadas. No pueden ni hablar.* MARTÍN *se siente a gusto con lo que ha dicho.* NATALIA *le mira con admiración, solo le falta aplaudirle.*) ¡Acordaros, eh, talla XS. Del cerebro di-go! ¡Para que os entre! (*A* NATALIA.) El cliente no siempre tiene la razón, sobre todo en los casos en los que no la tiene.

NATALIA   (*Lee en su plaquita.*) Martín, acabas de ganarte que te cuente una historia. (MARTÍN *no sabe cómo actuar. Hace un tímido gesto como de «yo ahora no tengo tiempo».*) Yo he muerto cuatro veces, ¿sabes?

MARTÍN   ¿Perdón?

NATALIA   La primera tenía solo 18 años.

(La luz se transforma y con ella los personajes. NATALIA *vuelve a su juventud,* MARTÍN *saca del burro una bata de médico, un maletín y un estetoscopio y se transforma en el personaje de* DOCTOR MUERTE. *Con mucha seguridad abre los dos probadores, transformados ahora en* dos boxes. *En el box 1 hay una* MONJA *con una* PARTURIENTA *sentada en una silla de ruedas. En el box 2, una* PROSTITUTA. *La actriz que hace de* MONJA *es la misma que interpreta a* LIDIA. *La actriz que hace de* PARTURIENTA *es la misma, y va igual caracterizada, que la que acaba de hacer de* MADRE JOVEN. CLARA *hace de* PROSTITUTA.*)*

DOCTOR MUERTE   (*Rellena una ficha en un bloc con todo el merchandising de MediACT.*) ¿Nombre?

NATALIA   Natalia Pérez Figueroa.

DR. MUERTE   Excelente. ¿Fecha de nacimiento?

NATALIA   8 de agosto de 1957.

DR. MUERTE   Perfecto. ¿Se ha tomado las pastillas?

NATALIA   Sí.

DR. MUERTE   Genial. Descúbrase de cintura para abajo y pase a que la examine. (NATALIA *se saca las bragas sin quitarse el vestido y se sienta en una silla.*) Bueno, pues vamos a ver qué sorpresita nos encontramos aquí.

(Mientras coloca las piernas de NATALIA *sobre el burro, la cubre con una sábana y empieza a examinarla. En el box 2 la* PROSTITUTA *se levanta y empieza a inquietarse.)*

PROSTITUTA   Oiga, que yo también he *pagao* las cinco mil pesetas y no tengo *to'el* día *pa'estar aquí sperando.*

*(*NATALIA *da un grito de dolor.)*

DR. MUERTE   ¿Qué pasa? Ya nos estamos quejando y todavía no he empezado. A ver si vamos a ponernos nerviosos todos...

NATALIA   No, no... perdone doctor.

DR. MUERTE   Que si hay algún problema, siempre se puede usted ir a Londres...

NATALIA   No, no, lo siento, disculpe...

DR. MUERTE   Excelente. Prosigo pues...

                 (PARTURIENTA *empieza a resoplar por los es-*
                 fuerzos del parto. MONJA *la anima a empu-*
                 jar, al poco tiempo escuchamos el llanto de
                 un bebé.)

MONJA   (*Todas las acciones como si fuera un ritual.*)
                 ¡Es una niña!

                 (*La envuelve en una sabanita.*)

PARTURIENTA   (*Emocionada.*) Una niña... Se llamará Es-
                 peranza como su mamá.

MONJA   Voy a llevarla para que la limpien.

                 (*Sin esperar a que* PARTURIENTA *pueda reac-*
                 cionar, sale con el bebé.)

PARTURIENTA   No, por favor, sor Purificación, no se la lle-
                 ve todavía, espere...

DR. MUERTE   Excelente, pues esto ya está... arreglado (*Saca*
                 una serie de vísceras llenas de sangre y las mete
                 en una bolsa de plástico de «El Corte». Cuan-
                 do acaba se quita los guantes ensangrentados.)
                 Ahora lo que tiene que hacer es alternar los
                 dos tipos de analgésicos que la he recetado.
                 Es normal que le duela la barriga y que san-
                 gre durante algunos días. Que no se bañe

durante las dos próximas semanas, solo duchas y tampoco tenga relaciones sexuales. Es probable que tarde un par de menstruaciones en volver a regularse. Ahora puede quedarse aquí reposando cinco minutos y después ya puede marcharse. *(Le da la mano.)* Hasta la vista. *(DOCTOR MUERTE se dirige hacia el box 2 en donde lo espera PROSTITUTA.)* ¿Nombre? *(Cierra la cortina tras de sí. Sin oír el nombre de PROSTITUTA, le escuchamos decir «Excelente». Mientras NATALIA se va reincorporando poco a poco, MONJA se dirige hacia el box 1, vuelve sin el bebé.)*

MONJA   Lamento tener que comunicarte que la niña ha fallecido. Pero no sufras porque la he bautizado. Ya lo he arreglado todo.

PARTURIENTA   ¿Cómo? *(Grito desgarrador.)* Pero si yo la he oído llorar. ¿Dónde está? Por favor, quiero ver a mi niña. Quiero ver a mi hijita, sor Purificación déjeme verla, por favor...

MONJA   ¿Para qué quieres verla si ya está con dios en el cielo?

PARTURIENTA   Porque alguien tiene que verla para dejar constancia de que ha pasado por este mundo...

MONJA   Es mejor que no la veas... Siempre lo hacemos así.

(Monja *saca a* Parturienta, *que no para de*
llorar, de la sala empujando la silla de rue-
das, por delante de Natalia *que lleva en su*
mano una bolsa de plástico de El Corte con
los restos del feto recién extraído. De repen-
te se hace un completo silencio.)

Natalia   Me explicaron las pastillas que tenía que
tomarme. Me dijeron el tiempo que tenía
que hacer de reposo sin tener relaciones.
Me contaron que me dolería la barriga un
par de semanas. Pero nadie, nadie me ad-
virtió del silencio que te invade después.

(*Silencio. Otra vez en el momento actual del*
centro comercial. Aparece la misma Monja
de la escena anterior.)

Escena 4

MONJA	Perdone usted, jovencito, ¿podría decirme dónde puedo encontrar una navaja suiza?
MARTÍN	(*Sale de su ensimismamiento.*) Eh, sí, por supuesto... En cinegética, cuarta planta. Subiendo por esa escalera.
NATALIA	Mejor en regalos, en la planta cero. Donde relojería. Allí la suelen tener.

(MARTÍN *se queda mirando a* NATALIA *sorprendido.*)

MONJA	Gracias, que dios se lo pague.
NATALIA	(*Ve a la* MONJA *marcharse.*) Había ido a un colegio de monjas, toda la vida, pero desde ese día, no he vuelto a creer en dios.
MARTÍN	Siento mucho lo que le pasó, señora...
NATALIA	No, no... tranquilo, si yo era muy joven... Siempre había querido tener niños, pero mis condiciones personales y económicas de aquel momento no me hubieran permitido tenerlos...

MARTÍN	El maldito dinero...
NATALIA	¿Por qué trabajas aquí?
MARTÍN	Nunca he sido buen estudiante y mi hermano, que tiene un colega en RRHH, me ayudó a conseguir el curro...
NATALIA	(*Toca la placa que lleva* MARTÍN, *en su solapa.*) Martín, 15251.
MARTÍN	¿Perdón? No, mi número de empleado es 15264.
NATALIA	Ya lo sé. Por eso.
MARTÍN	No, usted ha dicho 15251.
NATALIA	Esos son los empleados que han pasado entre nosotros. Yo fui la 00013, la niña bonita me decía él...

(MARTÍN *se engomina el pelo hacia un lado y se transforma rápidamente en* GABRIEL. NATALIA *tiene treinta años —entre juventud y madurez—. Están cogidos de las manos y hacen el molinillo. Bailan música de la época.*)

GABRIEL	No pares de girar niña bonita.
NATALIA	Me estoy mareando.

GABRIEL (*Cantan.*)
Niña bonita
flor de canela
tan bonica
como su abuela.
Niña bonita
flor de manzana
la cara bonita
las zancas de rana.

NATALIA Para, para, para... que me voy a caer re-
donda...

GABRIEL Vamos al almacén...

NATALIA ¿Qué dices? Tú estás tonto...

GABRIEL Venga vamos, que no hay nadie...

NATALIA Que noooo...

GABRIEL Sabes lo que te haré...

(GABRIEL *le susurra al oído algo erótico que
excita a* NATALIA.)

NATALIA (*Tratan de contener su excitación.*) Que no,
Gabriel, que ya te he dicho que ahora quiero que seamos solo amigos, compañeros de
trabajo.

GABRIEL Pues es que no sé cómo hacerlo porque te
veo y me vuelves loco, locoooo...

NATALIA	Va a venir alguien y nos va a pillar...
GABRIEL	¡Qué va! No nos va a pillar nadie... Y si nos pillan, alegría para el cuerpo.
NATALIA	Como nos vea Martínez nos pone de patitas en la calle.
GABRIEL	Me vuelves loco...
NATALIA	Tú si que estás loco...
GABRIEL	Venga, déjate... Antes eras más aventurera.

(A un lado han aparecido CLARA *y* LIDIA, *que interactúan con* NATALIA. GABRIEL *no las ve.)*

CLARA	Antes no sabías que se ponía hasta arriba.
LIDIA	Hija, déjalos, se nota que se quieren.
NATALIA	Sí, Clara, él me quiere como nunca nadie me ha querido.
CLARA	Pues que deje de meterse eso en el cuerpo.
LIDIA	El amor puede conseguirlo todo.
GABRIEL	Venga niña bonita, sígueme...

*(*NATALIA *duda si seguirlo o no. Saca un cigarro.)*

CLARA   Pasa de él, Nata. Dijiste que ya no estabas enamorada.

LIDIA   Igual le puedes decir que no te encuentras bien, dile que estás mareada.

CLARA
/LIDIA   No vuelvas a caer Nata, no caigas...

NATALIA   Es que yo me propongo pasar de él. Pero se acerca y con solo rozarme...

LIDIA   Hija, como tú veas pero, si te soy sincera... yo creo que sería mejor que no volvieras a caer.

CLARA   Nata, sal de ahí.

NATALIA   Si es que lo veo todos los días, no es tan fácil...

CLARA   Pues es que no sé ni que haces trabajando ahí. Prepara tu currículum y busca otro trabajo, eres lista. Sacaste unas notazas en la carrera.

NATALIA   Ya, pero nunca he ejercido. Y, además, no hablo inglés.

CLARA   (A LIDIA.) Si en todo el tiempo que lleva diciendo que no habla inglés, en vez de quejarse tanto, se hubiera puesto a estudiarlo, ahora hablaría mejor que Margaret

Tatcher. (*A las dos.*) Oye, y ¿si nos vamos de viaje? ¡Podríamos ir a ver un musical a Londres! Así tú practicarías inglés, nos reiríamos juntas, como en Canarias... Al loco este se le pasaría la neura que le ha entrado contigo...

LIDIA   Yo le tendría que preguntar a Miguel... No creo que pueda...

NATALIA   Yo no tengo pasta.

CLARA   (*A* LIDIA.) Si metiera en un bote todo lo que se gasta en tabaco, a final de año podría dar la vuelta al mundo, (*A* NATALIA, *ilusionada.*) No te preocupes ¡Te lo pago yo!

               (*Las tres se quedan pensándo.* GABRIEL *se ha escondido detrás del mostrador, desde allí vuelve a llamarla.*)

GABRIEL   (*Silbando.*) Niña bonita...

NATALIA   Quiero ir con él. Me apetece estar con él, quiero vivir el momento... No dices tú eso siempre, ¿Clara?

               (LIDIA *y* CLARA *se miran,* NATALIA *se esconde con* GABRIEL *detrás del mostrador.*)

LIDIA   Pero no hagas ninguna tontería... Que no te pase como la otra vez...

(LIDIA y CLARA *repiten la canción de «Niña bonita» saltando a la cuerda.* NATALIA *sale de detrás del mostrador con cara preocupada. Sin decir nada se une al juego de sus amigas.*)

GABRIEL   Niña bonita... (*Las tres lo escuchan y salen corriendo a esconderse.*) Niña bonita, te juro que lo voy a dejar, te lo juro... esta vez va en serio. No voy a volver a probarlo. Me da asco. De verdad. Tienes que creerme. Por favor, dame una oportunidad (*Llorando, cae de rodillas.*) por favor, yo solo te tengo a ti... Te quiero, niña bonita... Eres la única mujer a la que he amado. Te necesito. Te necesito para que me ayudes a dejar esto. Yo solo no puedo... Volveré a caer... Volveré a perderme... Pero si tú estás conmigo... Si tú te quedas conmigo... (*Claramente desestabilizado emocionalmente.*) No me dejes, No puedes dejarme... (*Vuelve en sí.*) Oye, este mes, ¿has tenido el periodo? Porque sería feliz, feliz si tú y yo tuviéramos un hijo juntos... Estoy preparado para ser padre. Los dos juntos, ¿te imaginas? Querría a ese hijo muchísimo... Como te quiero a ti, niña bonita, por favor, vuelve, vuelve, no puedo estar sin ti... Sin ti me muero...

(*Escondidas las tres amigas han escuchado lo que les dice* GABRIEL. *Entre ellas se hacen gestos.* CLARA y LIDIA *ven que* NATALIA *se ha quedado muda con lo del periodo.* NATALIA *se acaricia la tripa, deducen que está embarazada de nuevo.)*

Escena 5

NATALIA	Era un hombre débil, aunque, viéndolo ahora en la distancia, nadie me ha querido nunca como lo hizo él...
MARTÍN	¿Y entonces?
NATALIA	Mis padres no hubieran aceptado que tuviera un hijo con alguien como él. No sabían nada de sus dependencias, pero consideraban que yo merecía algo mejor que un simple vendedor de «El Corte»... Quizás tenían razón.
MARTÍN	(*Dolido, quiere deshacer de ella.*) Señora, ¿va a querer el traje o no? Es que tengo mucho que hacer...
NATALIA	¿Cuántos años tienes, Martín?
MARTÍN	(*Pensando.*) Ese tío de la historia, Gabriel, quería ocuparse de ese niño, lo hubiera querido. Y usted ni siquiera llegó a decirle que estaba embarazada. Él lo habría cuidado. Y usted ni siquiera se lo contó. Los hombres no pintamos nada, ¿no? ¿Y qué fue de Gabriel? ¿Qué pasó? ¿Cómo

se atrevería a mirarlo a la cara después de lo que le había hecho?

NATALIA   Al poco tiempo hubo recortes y él fue uno de los que se quedó fuera...

MARTÍN   Bueno, si no va a querer el traje...

NATALIA   Todavía no he terminado mi historia.

MARTÍN   Mire señora, con todos mis respetos, yo no quiero escuchar la historia de sus hijos..., o lo que sean, ni la suya. Que tenga usted un buen día.

(MARTÍN *se dirige al mostrador, va por su móvil, le gustaría enviarle un mensaje a* HIJA CLARA, *pero* NATALIA *vuelve a interrumpirlo.*)

NATALIA   La mujer que estuvo aquí antes. ¿La recuerdas?

MARTÍN   ¿Qué mujer? ¿La monja?

NATALIA   No. La que venía con un carrito de bebé.

MARTÍN   Ah, sí. (*La imita.*) La señora de «Arroyuelo Santos».

NATALIA   Hoy he descubierto que ese bebé era el hermano de mi tercer hijo.

MARTÍN   ¿Qué?

NATALIA	Paco fue mi pareja durante dieciséis años.
MARTÍN	¿El mismo Paco? Venga hombre...
NATALIA	Bueno, tal vez ya no quieras saber cómo sigue la historia... Será mejor que me vaya...

(*Comienza a irse.*)

MARTÍN	Usted es una vendedora nata. No quiero imaginarme lo que les endosaba a las dientas con ese poder de convicción... Parece que no hay mucha gente, ande, siga...
NATALIA	Solo porque tú me lo pides... Tenía un dolor de ovarios muy sospechoso. Había cogido un libro de la segunda planta. Acaba de cumplir los cuarenta y estaba convencida de que esta vez sería totalmente distinto. Quería a Paco y, aunque no lo habíamos buscado, para mí este niño era muy deseado. Según mis cálculos estaba, más o menos, de doce semanas. El tamaño de un limón verde, decía el libro en el que también había unas ilustraciones preciosas. A los tres meses el feto ya tiene todo su cuerpecito formado y yo me imaginaba lo minúsculas y perfectas que debían ser las manitas de un bebé que mide lo mismo que un limón. Cuando cogía el metro para ir a trabajar, me sentía especial y distinta. Tenia ganas de que mi barriga comenzara a crecer para que fuera evidente que estaba embarazada. Llegaba

al trabajo y sonreía pensando que tenía un secreto, el mejor secreto del mundo: iba a ser madre. Pero preferí no contárselo a nadie. Siempre que podía me iba a la parte de atrás para tumbarme y que al bebé no le pasara nada. Estaba acostumbrada a pasar muchas horas de pie, pero ya con cuarenta, una sabe que hay que ir con cuidado. Así que, cada poquito me estiraba. La gente me decía «qué contenta estás Natalia, se te ve muy guapa», y yo me sentía más feliz que nunca. Cada vez que podía, pasaba por la planta de bebés para ver qué quería llevarme. Todavía era pronto para saber si era niño o niña, pero la verdad es que eso es lo que menos me importaba. Las niñas son más de los padres, o eso dicen, pero yo lo único que deseaba es que naciera bien. Quería tanto a ese bebé... Era como un arco iris de colores que llegaba para llenar los agujeros que habían dejado antes, los otros dos. Al principio, la única persona que lo sabía era Lidia. Ella me había animado a hacerme una prueba porque mientras tomábamos un café le había explicado que tenía un retraso y que me notaba los pechos gigantes. Te acompaño a hacer una prueba, me había dicho. Y cuando la hicimos no había lugar a dudas. Lidia estaba feliz por mí. En ese momento ella justo estaba embarazada de su cuarta hija, que les había costando un poco más de la cuenta. Si es una niña ya tiene todo el ajuar preparado, insistía, y de hecho, fue la primera en regalarme unos patucos, que había tejido ella misma, para que cuando el bebé naciera tuviera los pies calentitos. Al salir de la ducha, cada día, me miraba en el espejo. Me podía quedar horas viendo cómo, poco a poco, iba creciendo mi barriguita. Sabía que en breve se lo tendría que contar a Paco. No es que a él no le gustaran los niños. Le encantaban. De hecho, era bastante niñero. Se podía pasar horas jugando con los dos hijos de Clara y las tres niñas de Lidia, pero él estaba convencido de que no había venido a este mundo para tener hijos. Para él estábamos bien así, los dos solos. Siendo libres para hacer planes y excursiones o para dormir en la montaña y escalar. Ese día volví pronto del trabajo. Preparé una cena con su plato preferido, lasaña de verduras y una botella de vino. Para darle una pista, en mi copa solo puse agua... (NATALIA y MARTÍN, *ahora trasformado en* PACO, *se colocan detrás de una sábana blanca apareciendo ante el público como sombras chinescas. En el centro hay una silueta con forma de mesa preparada para cenar. De fondo se escucha el latido de un corazón y el sonido placentero de un vientre materno.*) ¿Qué tal te ha ido en el trabajo? ¿Habéis firmado ya lo del ayuntamiento?

PACO   Qué va, a mí me da que ahí se adjudica todo previo pago de una comisión. Hemos decidido retirarnos del concurso.

NATALIA	Vaya, lo siento.
PACO	Nada... Oye, este fin de semana he pensado subirme a la sierra con los del equipo de baloncesto. ¿Te va bien?
NATALIA	Sí, claro. Pero Paco, quería contarte una cosa.
PACO	Ya la sé.
NATALIA	¿Que ya la sabes?
PACO	Sí, se te nota mucho.
NATALIA	*(Estupefacta.)* ¿Y cuándo te has dado cuenta?
PACO	Hombre, es fácil. Ya no está todo lleno de colillas ni apesta a humo. ¡Enhorabuena! Sabía que algún día, con los antecedentes de tus padres, harías caso a tu amiga Clara y lo dejarías.
NATALIA	Ah, sí.
PACO	Pero ten cuidado que ya sabes que las mujeres, cuando dejáis de fumar os entra el hambre y os ponéis jamonas... Y a mí me gustas así, atlética...
NATALIA	Paco, escucha... *(Sonríe con dulzura.)* Me voy a poner mucho más jamona.

PACO   (*Sin entender.*) Bueno, no era para ofender-
            te. Solo decía que vigilaras porque...

NATALIA   Estoy embarazada.

PACO   (*Se levanta de la silla.*) ¿Qué dices? ¿Des-
            de cuándo lo sabes? ¿Cómo no me has di-
            cho nada?

NATALIA   Bueno, me acabo de enterar prácticamente...

PACO   ¿Y qué piensas hacer?

NATALIA   Pues... Tenerlo.

PACO   No. Yo en eso te he sido sincero. Te lo he
            dicho desde el principio. Yo no quiero te-
            ner hijos. ¿Me has engañado? ¿Has dejado
            de tomar la píldora?

NATALIA   ¿Cómo puedes decir eso? ¡Claro que no!
            Habrá sido un accidente, a veces pasa...

PACO   ¿Cómo que un accidente? Si te tomas la
            píldora no puedes quedarte embarazada,
            vamos, si no denunciamos a la marca...

NATALIA   Bueno, es que igual se me pasó tomar una
            de las pastillas y...

PACO   ¿Y cómo no me lo has dicho? ¿De cuánto
            estás?

NATALIA   De tres meses...

PACO   ¿¡Tres meses!?... ¿Cómo has pensado so-
                 lucionarlo? Todavía puedes quitártelo, ¿no?

NATALIA   Es que yo quiero tenerlo, Paco. Nos quere-
                 mos. ¿Te imaginas un bebé con esa sonrisa
                 tan bonita que tienes? Seguro que cuando
                 nazca estarás feliz y cambiarás de idea...

PACO   Yo te quiero a ti, Natalia, ¿es que no me en-
                 tiendes? Estamos bien así, los dos solos.
                 Tú haz lo que consideres oportuno, pero
                 conmigo no cuentes... Yo de ese bicho no
                 quiero volver a saber nada...

                 (PACO *sale de escena y suena un portazo. Si-
                 lencio.* NATALIA *se levanta de la silla y sale
                 de detrás de la sábana muy despacio. De re-
                 pente notamos que el sonido del feto deja de
                 latir.* NATALIA *mete su mano en las bragas y
                 la saca manchada. Por entre sus piernas co-
                 mienza a correr un hilo de sangre.)*

NATALIA   Tuve que estar una semana con mi bebé
                 muerto dentro de mí hasta que me ayuda-
                 ron a sacarlo. Después sangré durante más
                 de seis semanas. Nadie te cuenta lo que
                 duele. Nadie te dice que cuando se te mue-
                 re un bebé dentro se te hace un agujero que
                 jamás vuelve a llenarse.

Escena 6

MONJA *vuelve despistada. Le hace un gesto a*
MARTÍN *como de que está perdida.* MARTÍN *le*
indica con la mano hacia dónde se tiene que
dirigir. MONJA *repite con las manos las indi-*
caciones y se lo agradece con un gesto.

NATALIA   *(Se limpia la sangre avergonzada.)* Perdóname...

MARTÍN   No tienes por qué disculparte... ¿Te sigue
gustando el vestido?

NATALIA   No... tenías razón, se me ha pasado la edad.

MARTÍN   ¡Qué va, Natalia! Si está estupenda... *(La*
mira tratando de calcular su talla.) Usted lleva... una 38 de toda la vida que sería más o
menos... a ver... una M... *(Le acerca el vesti-*
do. Se dirige hacia la zona donde hay comple-
mentos y saca una flor para el pelo y unos ta-
cones. NATALIA *ruborizada, se coloca el vesti-*
do por delante del cuerpo, lo sostiene con la
percha en el cuello. MARTÍN *hace una reveren-*
cia.) ¿Me concede este baile, señorita?

(NATALIA *se lo piensa un segundo y finalmente acepta. Ella y* MARTÍN *bailan en mitad del centro comercial. La luz se vuelve tenue y de fondo se escucha «Strangers in the night». Se ha creado un momento de magia cuando de repente vuelve a aparecer* MONJA.)

MONJA   Perdone joven, es que no logro dar con las escaleras que me ha dicho.

NATALIA   *(Se quita el vestido y todos los complementos.)* Ve con ella, no te preocupes.

MARTÍN   El cliente no siempre tiene la razón...

NATALIA   No, es verdad, solo a veces...

(MARTÍN *sale de escena y acompaña a* MONJA *hacia las escaleras,* NATALIA *deja sobre el mostrador el vestido y los complementos, y se marcha en sentido contrario.)*

MARTÍN   *(Vuelve. Le quita la alarma a todas las prendas y las mete en una cuarta bolsa, igual que las otras tres que lleva* NATALIA.*)* Espere, me dijo que eran cuatro... Todavía no me ha contado la última historia...

(NATALIA *se queda mirando y sonríe sin contestar.* MARTÍN *observa cómo* NATALIA *se aleja serena con sus cuatro bolsas.)*

MONJA   ¿Joven?

(MARTÍN *sale de su ensimismamiento y se
marcha de escena con* MONJA. *La luz del centro comercial se va apagando poco a poco
dejando un único foco sobre el maniquí que
lleva el mismo vestido que finalmente se ha
llevado* NATALIA. *Sonido de puerta de entra-
da de una casa;* NATALIA *deja las bolsas de
plástico; saca una botella de vino; se sirve
un vaso; abre una ventana por donde se escucha entrar el viento; se sienta en el sofá;
se pone la tele. De fuera escuchamos los so-
nidos de la mañana y unos pajaritos.*)

Acto III
El combate de Lidia

Escena 1

> CLARA, AURORA, NATALIA y MIGUEL *forman un cuadrilátero que emula un ring de boxeo.* LIDIA *en medio. La actriz que interpreta a* AURORA *es la misma que la que da vida a* HIJA CLARA. *El actor que hace de* MIGUEL *es el mismo que hacía de* MARTÍN, GABRIEL Y PACO. *Cada uno iluminado por una luz que al encenderse o apagarse los hace aparecer o desaparecer.* NATALIA *fuma.*

LIDIA   ¿Quieres tomar algo? te puedo ofrecer lo que quieras, ponte cómoda como si estuvieras en tu casa. (*A* AURORA.) ¿Quieres algo, cielo?

AURORA   No te preocupes, mamá, estoy bien.

LIDIA   No es ninguna molestia, de verdad. Puedo prepararos cualquier cosa. No me cuesta nada. Lo preparo en un momentito.

CLARA   Bueno, tomaré un té verde, gracias, Lidia.

LIDIA   ¿Té verde? Justo lo que no tengo. ¡Ay, qué tonta soy! Tengo que comprar, cómo no me he dado cuenta, hija, lo siento, qué faena...

CLARA	No te preocupes, Lidia, que no pasa nada.
LIDIA	¿Una manzanillita? ¿Un vaso de agua?
AURORA	Que no tiene sed, mamá.
LIDIA	Un bizcochito.
AURORA	¿Qué tal estás, Clara?
LIDIA	Unas pastas.
CLARA	(*Recordando.*) Nos pusieron pastas Y fruta fresca en la habitación del hotel de Cannes...
LIDIA	Puedo sacarte un refresco. ¿Lo quieres con hielo? Creo que tengo.
AURORA	(*Divertida.*) Mamá, no seas plasta.
LIDIA	Sí que soy una plasta, sí... A lo mejor no estáis a gusto aquí y preferís pasar a la salita, hay más luz.
CLARA	Él decía que yo tenía luz...
AURORA	¿Quién?
CLARA	¿Quién qué?
AURORA	¿Quién decía que tenías mucha luz? ¿Te dejabas las luces encendidas?

CLARA

¿Quién iba a ser? Mi marido. Rafa siempre ha creído en mí. Él siempre me ha apoyado.

LIDIA

¿Hace demasiado calor? Yo soy muy friolera pero puedo bajar la calefacción si tenéis calor. ¿Queréis que ponga música? (MIGUEL *emite un sonido de desaprobación.* LIDIA *se alarma. Mira a* MIGUEL *con miedo y susurra.*) Tengo que ponerla bajita. A lo mejor os apetece más que bajemos a la calle y nos sentemos en una terracita. Hay una muy agradable y los que atienden son una pareja que también tienen un hijo...

MIGUEL

(*Grita autoritario.*) ¡Cállate de una puta vez!

LIDIA

(*Aterrorizada.*) Perdona, Miguel. (*A sus amigas.*) Es que estaba echando la siesta arriba en su despacho y, aunque parezca que no, se oye todo... Trabaja mucho, necesita descansar y lo he despertado con mis tonterías. Nunca me doy cuenta. Perdona, mi amor, ha sido mi culpa, qué tonta soy.

MIGUEL

Solo piensas en ti.

LIDIA

Íbamos a bajarnos ahora a la terracita para no hacer ruido aquí...

MIGUEL

Yo tengo mucha paciencia, y lo sabes, tienes suerte en eso, pero...

LIDIA	(*Lo corta.*) ¿Quieres tu cafetito? Ahora mismo te lo preparo.
MIGUEL	Pero un día me voy a cansar.
	(MIGUEL *extiende el brazo a cámara lenta para dar un puñetazo al aire.* LIDIA, *a varios metros de distancia, recibe el tremendo golpe. El sonido sordo y seco del impacto es estremecedor. La violencia del puñetazo le hace girar la cabeza y su cuerpo convulsiona.*)
AURORA	(*No excesivamente preocupada.*) Mami ¿qué tal estás?
LIDIA	Estoy bien, cielo, perdóname, es que me ha dado como un pequeño mareo, ni te preocupes.
AURORA	Ay, pobre... ¿Vamos al médico?
LIDIA	Nooo, por dios, hija, si son bobadas. Lo peor que puede hacer una es darle importancia.
AURORA	Es que como casi siempre estás mareada.
LIDIA	¡Qué va, cielete! Es que yo lo exagero todo mucho. Tu padre siempre me lo dice, porque me conoce bien y sabe que soy una exagerada.

CLARA	Lidia, nunca me habías dicho que tenías esos mareos... ¿O sí me lo has contado? A lo mejor lo has hecho y yo no... yo no... yo no le he dado importancia...
AURORA	Se marea y se cae, la pobre. Papá también se cayó.
LIDIA	Ni caso, Clara. Bastante tenéis todos con vuestras cosas como para que venga ahora una a dar más preocupaciones con sus... Qué tontería, pero si es que no sé de qué estamos hablando.
MIGUEL	¡Lidi!
LIDIA	¿Te hemos vuelto a despertar? Perdóname, es que estábamos aquí charlando tan animadas...
MIGUEL	Empiezo a pensar que lo haces a posta.
LIDIA	No, si precisamente les estaba hablando de ti y de lo mucho que trabajas.
MIGUEL	¿Le estás contando a tus amigas cosas de mí?
LIDIA	No, bueno, cariño... Aurori nos va a contar lo que ha hecho en el taller de jardinería, verdad cielo que esta semana...
MIGUEL	¿Contáis las intimidades de nuestra familia a los cuatro vientos?

LIDIA   Nooooo. Siento muchísimo si he hecho algo que te haya..

MIGUEL   ¿Y quieres que confíe en ti? Pero Lidi...

LIDIA   Perdóname, Miguel, es que estoy tonta, yo no...

MIGUEL   ¿Qué voy a hacer contigo? ¿Qué voy a hacer contigo, Lidi?

CLARA   ¿Estás bien, Lidia? Si quieres vamos a la terracita esa que nos has dicho... Nos vendrá bien tomar el aire...

MIGUEL   Ah, ¿que ahora te vas con tus amigas?

LIDIA   Bueno, es solo Clara. Aurori viene también. Vamos a volver muy pronto, antes de que se haga de noche. Solo a tomar algo y contarnos nuestras cosas. Así te dejamos descansar.

MIGUEL   ¿Vuestras cosas? ¿Y tú qué les vas a contar? ¿Los botes de sofrito de cebolla que almacenas en el congelador? ¿Que eres una experta mundial en remendar calcetines? ¿Que vistes a tus hijas como pordioseras porque no sabes administrar el dinero que te doy?

AURORA   (*En el mismo tono que su padre.*) Mami, no podemos hablar de nuestras cosas con cualquiera. (*Hace un gesto con el dedo en la boca y susurra.)* Shhhhh... Hay que saber guardar los secretos...

LIDIA   Si, muy bien, cielo...

AURORA   No hay que contar los secretos...

(De repente, entra en un gesto repetido y constante, negando con la cabeza.)

LIDIA   No, claro que no...

AURORA   Papá, papá...

LIDIA   Cálmate cielo...

MIGUEL   Eres una desagradecida. ¿No te he llevado a Santander cada verano? Eh, anda que no disfrutabais allí todas, gastando todo el día...

LIDIA   Ya lo sé Miguel. *(Trata de calmar a su hija.)* Tu padre es un hombre muy bueno y nos quiere más que a nada en el mundo. Díselo Miguel. *(El silencio de MIGUEL es desgarrador para LIDIA, que disimula su dolor. A CLARA.)* Ahora está cansado. Ha trabajado todo el día, madruga muchísimo.

CLARA   La gente siempre te decía la buena pareja que hacíais. De hecho, tú siempre has hablado de él con admiración. Miguel dice esto, Miguel piensa esto otro, a Miguel le han ascendido, Miguel ha dado una conferencia y ha sido un éxito. Estabas tan contenta cuando publicó un artículo y le felicitó el ministro de... no me acuerdo qué ministro era...

LIDIA   (*Orgullosa.*) De economía. El ministro de economía... Rodrigo Rato, que ahora ha caído en desgracia, pero por aquel entonces... Miguel escribió un articulo en la revista Expansión: las exenciones fiscales a empresas que invierten en energías renovables. Eso estaba muy de moda y él entiende muchísimo. Y fue tan brillante que el ministro lo felicitó por «la claridad de sus ideas y sus propuestas».

CLARA   ¿Y a ti te gustó?

LIDIA   (*Tratando de ser divertida.*) ¿Rodrigo Rato? Bueno...

CLARA   No, mujer, el artículo.

LIDIA   Bueno, yo no entiendo mucho de esas cosas.

CLARA   Lidia, teníamos una asignatura de contabilidad y finanzas... ¿Cómo se llamaba aquel profesor?... Sí hombre, que llevaba los pantalones del pijama debajo del traje..

LIDIA   ¡Bah!, Piensa que yo nunca he ejercido. Con las niñas... Y con Aurori... se me ha olvidado ya todo lo demás. El artículo estaba muy bien escrito, desde luego, y Miguel le dedicó muchísimo tiempo... no se le podía molestar, me acuerdo, porque estaba muy concentrado. Es muy trabajador, muy perfeccionista, le gusta que todo esté siempre perfecto.

CLARA   ¿Y a ti, Lidia?

LIDIA   ¿A mi qué, Clara?

NATALIA   (*La luz la hace presente por primera vez.*) Que cómo te gustan a ti las cosas.

               (Se *hace el silencio.*)

LIDIA   Bueno, tú me conociste bien, Natalia. Éramos buenas amigas.

CLARA   Si, éramos amigas pero no nos avisó de su muerte.

NATALIA   Tú y yo llevábamos ya muchos años sin hablar. No iba a llamarte para decirte que todo iba a seguir siendo igual entre nosotras solo que, esta vez, para siempre.

LIDIA   ¿Qué dices? Hija, si vosotras siempre os habéis querido muchísimo. Mira, Natalia, no sabes lo que Clara sintió la noticia. Todas lo hicimos. Fue un mazazo.

NATALIA   Estuve cuatro años muerta en el sillón de mi casa y nadie se interesó por mí.

LIDIA   Bueno hija, Natalia... Si es que, al final, yo he aprendido que cada uno va a lo suyo... Pero, no te preocupes, tú estate tranquila, que todo va a ir bien.

AURORA   No pienses ahora en eso... ya pasó, ya pasó... no pasa nada...

CLARA   ¿Y Paco? ¿Por qué no nos avisó Paco?

LIDIA   Clara, Paco y Natalia hace muchos años que se separaron.

CLARA   *(Preocupada.)* ¡No!, Natalia... ¿Por qué?

NATALIA   ¿Cómo que por qué? Tú lo sabes perfectamente...

CLARA   ¿Yo? No, no lo sé...

NATALIA   Claro que lo sabes, Clara...

CLARA   No, Natalia, no lo sé. Y tampoco sé por qué dejaste de hablarme. Te llamé un montón de veces, fui a tu casa y no quisiste abrirme la puerta... Y no sé por qué te alejaste de mi, por qué quisiste dejar de ser mi amiga...

NATALIA — Pues será lo primero que no sabes, porque para todo lo demás siempre eres muy lista, o eso te crees tú, que eres la mejor en todo...

CLARA — Natalia, ¿por qué dices eso? No te entiendo.

LIDIA — Siempre le gustaste a los chicos, la que más. Tenías una gracia especial, y también... la forma en la que te vestías, pues era normal que...

CLARA — ¿A qué viene eso ahora?

LIDIA — A ver... no, quiero decir que..., tú me entiendes...

MIGUEL — Eras la más guapa, la más atractiva, yo también soñé muchas veces con hacerte mi princesita, acariciar tu piel... (LIDIA *recibe un nuevo puñetazo que le hace caer al suelo.*) Me excitaba tu fuerza, tu pasión. Eras una persona a la que nadie le podía decir lo que tenía que hacer. Yo hubiera sabido cómo domarte.

(*Otro puñetazo para* LIDIA.)

CLARA — Lidia, yo siempre fui antipática con Miguel. Si te soy sincera, ni siquiera me caía especialmente bien.

MIGUEL — Eso es lo que más me ponía. Lo antipática que fuiste desde el primer día.

(Otro puñetazo para LIDIA.*)*

CLARA   Lidia, ¿estás bien?

AURORA   Mami, no quiero ir a dormir la siesta allí
               arriba.

LIDIA   Aurori, no pienses ahora en eso...

NATALIA   ¡Claro que sí! Dile lo que piensas.
               A esa se-
               ñora tenía que haberla mandado a la sec-
               ción de cinegética.

LIDIA   *(Agobiada.)* ¿A qué señora? Hablad bajito...

NATALIA   Tenía unos sabañones de elefante y quería
               unos Farrutx de la talla 36. Y encima se que-
               jó a la jefa de departamento porque dijo que
               yo no la atendí bien. Me quitaron el bonus
               de mierda que nos daban al mes si no tení-
               amos una sola observación de un cliente.
               ¿Creéis que es posible atender a más de mil
               quinientas personas al mes y no tener una
               sola observación? Ande, señora, y váyase us-
               ted a la sección de cinegética submarina con
               la jefa de departamento. Y en ferretería, plan-
               ta sótano, se compra una lija para piedras y
               se lima usted los sabañones.

LIDIA   ¡Chssss! Hablad más bajo, que lo vamos a
               despertar.

AURORA   Mamá, ¿tú no duermes la siesta?

LIDIA   (*Intenta encontrar palabras para autoconvencerse.*) Bueno, yo a esa hora siempre tengo que recoger la cocina, preparar las patatas para la cena... A él le gusta que yo lo cuide... que le prepare sus comidas preferidas... y si está conmigo es por..

CLARA
/AURORA
/NATALIA   Por pena.

(LIDIA *recibe un tremendo puñetazo. Su cara rebota en el aire a cámara lenta.*)

NATALIA   (*La recrimina.*) Siempre preocupándote por los demás.

MIGUEL   Sin dejarnos respirar.

AURORA   Sin gritar.

CLARA   Sin dejarte ver.

LIDIA   (*Descolocada, agobiada.*) Tengo que ir al baño a hacer pis. ¿Queréis que os traiga algo?

NATALIA   ¿Por qué no dejaste que Clara me enviara tres coronas? Me encantan las flores y tú lo sabes.

CLARA   No se puede ser pobre y orgullosa.

LIDIA   Yo no quería que ella tuviera que pagarlas
                 y yo, pues no podía... y, qué más da... en el
                 fondo no era importante.

NATALIA   No era importante para ti, Lidia.

CLARA   Y yo sí podía, por eso te insistí.

LIDIA   Quién cuidará de ti cuando yo no esté...
                 Aurori...

MIGUEL   ¿Otra vez le vas a recordar a la niña que
                 ya tienes pagado tu nicho? ¿Ese en el que
                 habrá que descuartizarte para meterte por
                 partes?

LIDIA   Yo no quiero que os preocupéis, no quiero
                 ser una carga para nadie...

NATALIA   Nunca llegó. No mandaron nada.

LIDIA   ¿A qué te refieres?

NATALIA   Fuiste muy ingenua al pensar que los de «El
                 Corte» iban a mandar una corona de flores.

LIDIA   Hija, qué faena. Lo siento muchísimo. Yo
                 creía que siempre lo hacían.

NATALIA   Solo con los jefes de departamento. Las de-
                 pendientas prejubiladas no teníamos ese

derecho. Algunas veces habíamos hecho colecta entre los compañeros cuando eso ocurría. Pero la mía nunca llegó.

CLARA   Pero estuviste treinta y cinco años trabajando allí. Tendrías muchos amigos.

LIDIA   Treinta y cinco años. Se dice pronto. Yo sé lo que te has sacrificado.

MIGUEL   Tú no sabes nada. Nunca has trabajado.

LIDIA   Miguel, sí he trabajado, y mucho...

MIGUEL   Nunca. Enséñame tu historial de cotización a la Seguridad Social.

LIDIA   Bueno, fuiste tú el que me pidió que me ocupara de las niñas. No te gustaba que anduviera fuera de casa. Yo quería haber cogido el trabajo aquel de media jornada en el Banco Santander.

MIGUEL   Ese trabajo no era para ti, mujer. No tienes ni idea. No sabes hacer la O con un canuto.

CLARA   Yo tampoco he trabajado nunca.

LIDIA   Clara, tú si... Tú siempre estabas haciendo mil cosas... No entendía cómo te daba tiempo a todo... El gimnasio, los niños, tu trabajo de visitadora médica... Cada año te premiaban por ser la mejor vendedora...

NATALIA   Pues, dicho sea de paso, esos dispositivos de teleasistencia que vendes no valen para nada. Cuando me avisó el mío por primera vez, yo ya no podía escucharlo. Durante los cuatro años sentada en ese sillón, mientras me momificaba, no dejó de sonar una voz grabada, cada mañana, que me daba los buenos días y me recordaba que, en caso de necesidad, apretase el botón de la alarma.

CLARA   Yo nunca quise ser vendedora de dispositivos de teleasistencia. Yo quería vender sueños, hacer sentir a la gente. Cuando hice mi primer casting me dije: «Clara, vas a trabajar un montón». Tenía mucha ilusión, sentía que me iba a comer el mundo. A veces dudaba, porque lo veía difícil, y entonces lo conocí a él. Él vio luz en mí. Vio la luz que yo tenía.

LIDIA   Rafa es un solete. Siempre te ha apoyado.

CLARA   Y nunca trabajé.

LIDIA   Clara, a lo mejor ahora no lo recuerdas bien, pero has dedicado tu vida a esa empresa.

CLARA   Lo recordaría. Nadie puede olvidar sus sueños, excepto cuando no los has cumplido, cuando no los has visto realizados. ¿Cuál es el tuyo, Lidia? Y tú, Aurora, ¿tú tienes sueños?

NATALIA   Teleasistencia de MediAct es una solución infalible para paliar sentimientos de abandono, descuido o situaciones de soledad.

CLARA   Me acuerdo de esa frase, (*Se siente una gran actriz.*) A mi público le encantaba.

MIGUEL   ¡Qué sueños puede tener Aurora!, pobre infeliz... Cuando se muera su madre no sé qué va a ser de esta desgraciada...

LIDIA   No digas eso Miguel. A Aurori le gustan mucho las plantas.

MIGUEL   Sí, pero la niña ingeniera agrónoma no nos va a salir... Las otras tres más que menos, pero esta... es la que más se parece a su madre, porque en mi familia no hay antecedentes de nadie así...

NATALIA   Si no le hubieras puesto la mano encima durante el embarazo..

LIDIA   Natalia, por favor. Miguel, no le hagas caso, Natalia está...

NATALIA   ¿Muerta?

LIDIA   No quería decir eso.

CLARA   ¿Entonces qué querías decir? ¿Por qué no puedes hablar de una vez de todo lo que te pasa por la cabeza? Sin miedo a levantar ampollas, sin miedo a que a los demás no nos guste lo que dices. No has venido al mundo para zurcir calcetines y servirnos pastas a los demás.

LIDIA   Si yo lo hago encantada.

CLARA   ¡Aaaargghhh! Pero Lidia, habrá algo en la vida que te toque la moral, ¿no? Habrá alguien que te caiga mal, habrá personas que alguna vez hayan dicho o hecho algo que a ti no te ha gustado. ¿O no, Lidia?

LIDIA   Hija, no sé... no se me ocurre nada...

AURORA   Sí, mamá, sí lo sabes.

LIDIA   Qué cosas tienes cielo, anda, cuéntanos qué has hecho hoy en el taller de jardinería...

AURORA   A ti no te gusta cuando papá me pide que me eche en el sofá de su despacho a dormir la siesta y luego cierra la puerta.

MIGUEL   Princesita, pero, ¿a que a ti sí te gusta?

(LIDIA recibe varios puñetazos.)

LIDIA   Cariño... No pienses ahora en eso... ya pasó, ya pasó... no pasa nada... (AURORA hace un movimiento repetido con la cabeza. Llora desgarradamente, aporrea una puerta contra el suelo.) Miguel, por favor...

MIGUEL   ¿Qué otra cosa querías que hiciera? Tú no vales ni para eso, no vales para nada...

(LIDIA *recibe un duro puñetazo en el estómago que la deja arrodillada en el suelo.*)

AURORA   Mamá, ¿estás bien?

LIDIA   Sí, hija, me he mareado un poquito, pero ya estoy bien...

AURORA   Papá no estaba mareado cuando se cayó, ¿a que no?... (*Hace un gesto de sigilo.*) Shhhh.

LIDIA   ¡Qué cosas tienes cielete!...

AURORA   Papá se cayó. Y después ya no volvió a gritar nunca más.

(LIDIA *se queda de piedra.*)

CLARA   ¡Lidia! (*Silencio.*) ¿No tendrás té verde?

MIGUEL   ¿Qué va a tener? Ofrece de todo y luego no tiene de nada. Siempre hace lo mismo.

NATALIA   Miguel, pedazo de animal, no tienes ni idea.

MIGUEL   Habló la doctora honoris causa. La de treinta y cinco años de experiencia como dependienta.

NATALIA   Bueno, tú has sido felicitado por el ministro por un artículo que copiaste palabra a palabra de una revista de economía alemana. (MI-GUEL *recibe un puñetazo.*) Y yo nunca he publicado nada, es verdad. Pero tengo mucha más experiencia de la vida que tú.

MIGUEL   Tú estás muerta, Natalia.

NATALIA   Sí, como tú. Pero yo he muerto cuatro veces y tú solo una. Y no precisamente por tu voluntad.

(AURORA *extiende el brazo.* MIGUEL *acusa un brutal puñetazo que viene de ninguna parte. Se recompone dolorido.*)

MIGUEL   ¿Qué sabes tú de mi muerte?

AURORA   Yo lo sé todo, pero mamá me ha dicho que no se lo cuente a nadie... Shhhhh... Hay que saber guardar los secretos.

(LIDIA *extiende el brazo y* MIGUEL *recibe un nuevo golpe.*)

MIGUEL   Lidia. Dile a la niña la verdad, fue un accidente.

LIDIA   Sí, claro Miguel. Cómo iba a ser de otra manera. (*Nuevo puñetazo de* LIDIA *a* MIGUEL.) ¿Quieres tomar algo, cielo? ¿Te preparo tu café?

(MIGUEL *se va desvaneciendo en la oscuridad muy lentamente, recibiendo una retahíla de golpes.*)

LIDIA
/CLARA
/AURORA
/NATALIA

(*A la vez.*) ¿Quieres que te ponga una rebequita? Puedo ir a por tus zapatillas, estarás más cómodo. He comprado los periódicos dominicales, para que los leas tranquilo, como a ti te gusta, tenía que haberte pedido opinión... ¿te gusta tu nicho? Ya lo tenía comprado, y no te molestes que me ha salido muy bien de precio. Llevas un pañuelo en el bolsillo, pero espero que entiendas lo del anillo y la medallita de la virgen... Es sobrio, de 50x50, yo tengo uno igual, así nuestras hijas no tendrán que preocuparse... ¡Miguel!

(MIGUEL *desaparece por completo.*)

LIDIA

Echo de menos escuchar tu radio al irme a la cama...

CLARA

Tenía que haberte escuchado más, haber estado más cerca... Gracias por todo Lidia... Te quiero mucho.

LIDIA

Siempre has estado cerca, Clara, gracias a ti también...

CLARA   ¡Nata!... (*Sonríe, feliz por recordarla.*) ¡Te recuerdo! Recuerdo tu sonrisa. Adiós amiga del alma...

(NATALIA, *tras echar la última y larga calada, se desvanece en la oscuridad. También se desvanecen* CLARA *y* LIDIA. AURORA *se queda sola.*)

AURORA   Shhh... Hay que saber guardar los secretos...

(*Oscuridad total.*)

Epílogo

En la pantalla vemos proyectado lo que está escribiendo HIJA CLARA *en un ordenador. Primero busca en Google el nombre de Rodrigo Ruiz. En la filmografía ve un detalle que le llama la atención. Le aparecen varios resultados. Finalmente llega a la web personal del director, donde aparece su contacto y decide escribirle.*

Estimado Rodrigo:
No sé si recordará a Clara Miller, yo soy su hija.

Esta primera edición de *si te soy sincera*,
de Athenea Mata, terminó de imprimirse
en mayo de dos mil veinticinco,
en Madrid.